人生のすべての物語を新しく

シェルターの神学から傘の神学へ

濱 和弘
Kazuhiro Hama

教文館

はじめに

キリスト教の中心はイエス・キリストという人物にある。このイエス・キリストという呼称におけるキリストという呼び名は、いわゆる名前ではなく称号である。そしてこのキリストという称号は、一般に「救い主」という意味であると理解されている。しかしそれは、厳密な意味では正しくない。キリストとはヘブライ語ではメシアであり、油注がれた王、あるいは大祭司という意味である。キリストという称号は救世主というニュアンスよりも、むしろ油注がれた王と訳す方が適切であろう。

しかし、だからといって著者はイエス・キリストというお方が救い主であることを否定するわけではない。ヨハネによる福音書四章四二節、あるいは使徒言行録五章三一節、一三章二三節などを見るならば、聖書がイエス・キリストに救い主（σωτήρ）という称号を冠している。これによって、キリスト教が救済の宗教であることは明らかである。

このように、歴史的人物であるイエスという男を、神がこの「世」に遣わした救い主として信じる信仰がキリスト教である。だから、このイエスという男をキリスト教徒は、心からの親愛の念をもってイエス・キリストと呼ぶ。その際、このイエス・キリストが特別な意味で「神の独り子」であるかないかということが、キリスト教にとっては大問題になる。いわゆる三位一体論であり、キリスト両性論である。この三位一体論とキリスト両性論の問題は、救済という問題にも深く関わってくる。神の独り子であるキリストの神性と受肉の問題である。これは後に触れざるを得ない問題だが、ここではひとまず、本書において神は、父・御子キリスト・聖霊の三つのペルソナからなる三位一体の神であり、歴史上のイエスという男は、完全な人として、また完全な神としてこの「世」に生まれた「神の独り子」であるという著者の信仰告白、それはニカイア信条・カルケドン信条に立つ信仰告白であるが、その信仰告白に立って、イエス・キリストという人物を捉えているということを述べるにとどめておきたい。

そこで、キリスト教における救済であるが、ここには当然、誰が、何によって、何から救われるのかという問題がある。著者が所属する教会は、プロテスタントの教会であり、いわゆる西方教会の伝統にある。西方教会の伝統においては、キリスト教の救済は、おもに「罪の赦し」として語られてきた。つまり、西方教会にとっての救済は、イエス・キリストが私の主であり救い主であると信じる「個」たる私が、「キリストの十字架の死」によって、「私自身の罪」とその罪に対する「神の罰」である神の裁きから救われるということが基本構造となっている。このときの私とは、生まれながらにして罪を犯さざるを得ない罪びととして一括りの存在に一般化された人間、すなわち「私たち人間は全て罪びとです」という言説の下で、「私は罪びとである」と認識する私である。つまり、罪びとの私たちに自分自身を結びつけ、私もまたその罪びとのひとりであると認識する私なのである。もちろん、その罪びとの私は、ひとりの「個」たる私、すなわち、私は私であって他の何者でもない存在でもある。その「個」たる私が、「個」たる私としても悪いこともすれば道徳的過ちも犯す。時には、些細なもの、あるいは重大な法に触れることもある。だから私たちは単に罪を犯さざるを得ない存在として普遍化された罪びとと言うだけではなく、「個」たる私自身が犯した具体的な悪や道徳的過ちによっても「私は罪びとである」と認識される。その意味で、普遍的存在のひとりとしても、また「個」たる存在としても私は罪びとである。その罪びとである私が、先に述べた「罪の赦し」という「救い」の基本構造の下で、自分自身の罪の問題が解決した結果として、やがて来る神の王国（天国）という神の報いに与るのである。ここには、オスカー・クルマンが、その著書『キリストと時――原始キリスト教の時間観及び歴史観』（前田護郎訳、岩波書店）で指摘するような、「すでにといまだ」の緊張関係を見ることができる。すなわち、イエス・キリストの十字架のゆえに、キリスト者はすでに罪が赦されてはいるが、神の国はやがて来る将来の出来事であり、待ち望むべき「いまだ」の出来事なのである。

この「すでにといまだ」の緊張関係の中にある救いの出来事の背後には、罪びとである私が、自分の罪を認識し、イエス・キリストにその罪の赦しを求めるとき、その私の罪に対して下される罰である神の裁きから救われるという「罪の赦し」を土台とした救いの構造がある。そこには、イエス・キリストの十字架の死は、私たちの罪を償うための行為であったという理解があるのである。このように、西方教会の伝統における救済論は、「救済論＝償罪論」と呼べるものであり、私の罪、いや厳密に言うならば罪びとの私に対して下される神の罰である神の裁きを免赦する。しかしながら、一般的に西方教会の伝統においては、このイエス・キリストの償罪による「罪の赦し」を贖罪と呼び、神学上は贖罪論として語ってきた経緯がある。したがって、多少の言葉の混乱と誤解を招く危険性を了解したうえで本書では「救済論＝贖罪論」とする。そして、この「救済論＝贖罪論」の構造の下で、救済の問題が取り扱われていくのである。

このような、西方教会の伝統にある罪に対して下される神の罰を免赦する「救済論＝贖罪論」に対し、東方教会の伝統における救済は、死からの救いにある。そしてそれは、神が創造をなさった際に、人間に与えられた人間の本性の完成である。この人間の本性は、人間を人間たらしめるもので、神の像である。つまり人間は、本来は神の似像としてその存在の中に神の属性を表しだす存在なのである。ところが、アダムとエバの罪によって、この世界に死が入り込み人間は死すべき存在となった。その死すべき存在となった私が、永遠の命をいただくことによって神となるという「神化」（θέωσις）が、東方教会の伝統における救済論である。

もちろん、人間が神になるといっても、それは厳密な意味では、父なる神や独り子なる神キリストと同じように本性的に神になるというのではない。それは神の命を宿し、「永遠」という神の属性に与り、それを表しだす者となるのである。この二つの違いは、救いの目的が「罪の赦し」にあり、その結果として永遠の命に至るとする西方教会の伝統と、救いの目的は神の創造の業の完成にあり、世界と人間が神化し「永遠」という神の属性の与ることにあって、「罪の赦し」はそのための一要素である東方教会の伝統との違いにある。だから、東方教会の伝統における「罪の赦し」は、重要なものではあるが、西方教会の伝統のように決定的なものではない。それは、「神化」という人間本性の完成へ至る歴史の中にあるひとつの重要な出来事なのである。このとき、東方教会の伝統においては、単に個人が「神化」するということだけではなく、救いとは「世界」が「神化」することであり、その「世界」の中で、私という個人の「神化」が位置づけられる。この時の「世界」の「神化」と、「個」たる私の「神化」の位置づけは、まず「個」たる私が「神化」され、その集積が、最終的に世界の「神化」につながっていくという位置関係である。「世界」の「神化」があって、その「神化」の中にあって「個」たる私が「神化」されるというものではない。この点は着目すべき重要な点である。

この「世界」の「神化」が「個人」に先立つのか、あるいはその逆かということについては、後に救済論について述べる中で明らかになっていくであろう。しかし、どちらが先かという問題にかかわらず、私という個人の救いに集中する「贖罪論」に対して、東方教会の「神化論」は、「世界」の神化をも見据えているという意味において「救済論＝神化論」が「救済論＝贖罪論」を包摂する。すなわち「救済論＝神化論」は「救済論＝贖罪論」より広い包括的概念であり、「救済論＝贖罪論」は「救済論＝神化論」にとって部分集合的位置づけとなる。

いずれにしても、キリスト教の中心にあるイエス・キリストによる救いに対して、「贖罪論」と「神化論」という異なる二つの視点があるということは、キリスト教における救いというものが多様な側面を持っているということを意味しているのではなかろうか。そこで、著者はこのキリスト教の救い、つまり救済論の多様性について、西方教会の伝統、中でもプロテスタントや、また一歩踏みこんで、著者が属する福音派、さらには「きよめ派」の伝統に立ちながら、「個」たる私という存在を中心に置き、これを軸としつつ考えてみたいと思う。それは私の罪を赦す「救済論＝贖罪論」でもなく、また、私が神の像を有する私として、人間本性を完成する「救済論＝神化論」でもない。それらを超え、それらを包摂するより広い概念として捉えられる救済論の可能性について考えてみたいのである。ひょっとするとそれは「救済論＝神化論」に限りなく近いものかもしれない。しかしまったく同じというわけではない。目指すところは贖罪論や神化論をも包摂するような包括的な救済論である。

本題に入る前に、本書における罪びとという言葉と、私という言葉の持つ性質について、若干述べておきたい。

まずは、私という言葉である。私という言葉は、一人称単数の代名詞だが、この用法に従うならば、本書で私と言う場合、それは著者自身が自分のことを示す表現になる。しかし、私という言葉は、単に自分を示す時に用いられるばかりではない。同時に、特定の共通項をもつ集団に属する者は、その共通項をもって、私を主語にして語ることができる。たとえば、人間はすべて死すべき存在であるが、その死ぬという共通項をもって、すべての人は「私は死ぬ」と言うことができる。

反面、すべての人が「私は死ぬ」と言えても、一人一人の死は必ずしも同じではない。それぞれが異なる個別の死を経験することになる。ここにおいて「私は私であって、私以外の何者でもない」という、全くユニークな唯一無二の存在である。いわば個としての私である。このように、私という存在の中には、普遍的なものと関係づけられて捉えられる私という存在と、他の何物にも関係づけられない私という存在という二つが共存している。

本書において私と表記する場合、その私は、この普遍的性質の私と「個」としての私が共存する。「今ここで」の世界で生きる私のことである。

また、この普遍と「個」の関係は罪びとという言葉にも関わってくる。本書において罪びとという言葉を用いるとき、そこには「すべての人間は生まれながら罪びとです」と言い表せる普遍的意味での罪びとという意味を含んでいる。とりわけ、西方教会の伝統においては、人間は普遍的に罪びとと捉える傾向がある。なぜならば、西方教会の伝統では人間は神の前に原罪を有していると考えるからである。つまり、人間は本性として罪びととしての性質を持つと考えるのである。そして、そこから一人一人が個々犯す具体的な悪、すなわち犯罪や道徳的な過ち、あるいは具体的な行為を捉える。本性的に罪びとであるから罪びととなるというのである。

このような、人間の本性に罪びとの性質を見るとき、「すべての人は生まれながら罪びとである」と理解され、すべての人は「私たちは罪びとである」という認識の下に置かれる。

もっとも、このような位置づけとは逆に、一人一人の思いの中にある様々な悪い思いや醜い思いをもって、個として罪びとと認識されるような場合もある。そしてこのような認識の方が、一般的な罪びと理解である。

この場合、必ずしも人間の本性に罪びととしての性質を普遍的に見るとは限らない。むしろ人間の本性を肯定的に捉える見方すらある。たとえば、ルネサンスに端を発した人文主義の人間観などに見られる。ピコ・デラ・ミランドラの『人間の尊厳について』などは、そのルネサンスにおける肯定的人間観の結晶であると言えよう。ピコの場合、人間の本性を善と悪の中立無記的なものとして捉えているが、しかし、そこには人間の本性の中に善の種子を見出していることは間違いがない。

このように、イタリア・ルネサンス的人間観の流れをくんだ人文主義もまた、人間の本性に善なるものを見出している。そのうえで、個々の人間が個別的な悪と過ちを犯す現実もまた見落とすことなく捉えている。つまり、人間が本性として罪びとであるから「すべての人は罪びとである」というのではなく、すべての人が悪や過ちを犯す現実から「すべての人は罪びとである」と理解するのである。人間の本性と個々の個別を結び付けて捉える捉え方、すなわち、原罪を持つ罪びとであるがゆえに、個々の悪や過ちを犯す罪びととなるという人間理解は実在論的である。それに対して、個々の人間が個別に犯す悪や過ちゆえに、個々の人間を罪びとと認識する理解は唯名論的人間理解といえる。ここには実在論か唯名論かという論争の歴史がある。

本書においては、以上のような歴史的経緯を踏まえ、それを理解し前提としたうえで、どちらの意味でも捉え得る意味で、罪びとという言葉を用いている。

目次

第二章　救済論の問題　77

第三章　教会論的キリスト論　142

装丁　渡辺美知子

序章　問う主体と語る主体

第一節　信仰のことがらを語る言葉の問題

信仰のことがらについて考える、あるいは少し格好をつけて神学すると言った場合、そこで語られる言葉は必ずしも客観的ではない。そこには、必ず考える人がおり、神学する人がいる。そしてその考える人、神学する人の主体がその語りに関わってくる。また、その語る主体は、ある特定の社会と環境の中で生まれ、育ち、言葉を獲得し語るのである。つまりある主体が語る言葉自体が、社会的・歴史的文脈の中で意味づけされ、また価値づけされている。たとえば、著者に置き換えて言うならば、著者は日本で非キリスト教徒の家に生まれ、日本語を話し、日本人として、公立の小・中・高校と私立の大学で一般の教育を受けて育ち、福音派と呼ばれるプロテスタントの教会でキリスト者となり、あるスタンスをもつ神学校と大学院などで神学教育を受けつつ、一牧師として語る教会の言葉を獲得してきた。そういった意味では、著者は戦後生まれの生粋の日本人という特性を持ち、日本のキリスト教という構造の中にあって福音派という一定の考え方を持つ教会の言葉で考えかつ語る。当然、聖書に向き合う際も、「聖書は誤りのない神の言葉である」という福音派の前提の中で、聖書の全体性の中から聖書の語る信仰や救いの問題を読み取っていこうとする。

「聖書は誤りのない神の言葉である」。これはたしかに著者の信仰告白である。しかし同時に、聖書は人間の言葉をもって書かれている。それは、神が聖書記者を用いながら、歴史上の人と関わり、人の歴史を通して神の救いの業を指し示しているからである。たしかに神は、人の言葉を用いてご自分を表しておられるのである。このことは、「聖書は誤りのない神の言葉である」ということが検証不可能な主観的な信仰告白の言葉であることを意味する。

もちろん、この主観性は啓示が持つ働きかけから起こる現象学的な事象ではあるが、それだけに「誤りのない」ということも、「神の言葉である」ということも、極めて主観的（主観ではなく主観的）である。それに対して、聖書は人の言葉を用いて書かれているということは、揺るぎようのない歴史的・客観的事柄である。この揺るぎようのない歴史的・客観的事柄は、聖書に記された言葉が、歴史的・文化的・時代的背景などの制約の中で書かれていることを示している。それゆえに聖書はそれを紐解こうとする者に、必然的に解釈を要求する。

幸いなことに、著者は二十数年の牧会経験を経たのち、福音派の立場とは異なるリベラルな立場の大学院でも学ぶ機会を得た。その経験は、福音派の牧師であるというアイデンティティに留まりつつも、なお福音派というものを外から観察し考える機会であった。そしてその経験を通して、福音派の牧師として、自らの立場を保守的に擁護するために護教的に神学をするのではなく、自らの置かれている教派やその信仰の立場の中で、そこに安住して留まるのでもなく、その立場にあってなお、絶えず自らを内省することを知った。自分自身を揺るがせながら、神の前に自分の置かれている信仰の立場、すなわち教理と信念体系と、そこから引き出される聖書の読み、また教会の在り方を問うことの重要性を知ったのである。

そのような著者が、「救済論＝贖罪論」ではなく、贖罪論を包摂するより広い救済論の可能性について考えるということは、それまで著者が用いていたキリスト教の言葉を用いつつ、日本のキリスト教の構造というものの外側に立って、そこからキリスト教の「救済論」を内省的に考えるということである。つまり、それまでの「救済論＝贖罪論」という教理的構造では収まりきらない著者の「何か」が、そう考えさせるのである。

だとすれば、本書において語る主体である著者とは「誰か」が語られなければならない。そうしなければ、本書の問題意識も目指すところも明らかにならないからである。聖書記者として聖書を書いた人間に背景があるように、聖書を読み解き、神学する人間にもそれを読み解く背景がある。それゆえに書き表す人間の背景を求めるだけでなく、読み解く人間の背景も明らかにされて、初めてそこで語られる神学は立体的に描き出される。だから、神学を語る時、語る人間が「誰か」が語られなければならないのである。それは、著者にとって、心の奥底をえぐる痛みを伴うものであるから、できれば避けたいところであるが、問題を問い、語る以上、その責を負いたいと思う。

第二節　著者は「誰か」

著者は一九五八年に四国の小さな市で生まれ、小学校三年生の一学期までをそこで過ごした。著者には二人の父がいる。一人は実の父であり、もう一人は育ての父である。実の父には正妻とその子どもがいた。つまり、私は正規の婚姻関係から生まれたのではない非嫡出子であり、ほとんど記憶のない異母兄弟・姉妹がいる。このような著者にとって実の父の記憶は、時々やってくる存在としての父であった。その後、母が育ての父と出会い、まさに小学校三年生の夏休みを迎えた日に、夜逃げをするようにして、私の育った山口県に移り住んだ。そこからは、貧しい生活を経験しながら、あちらこちらを転々とする時期もあったが、著者は決して表面的には影のある子どもではなかった。むしろ、性格的には明るく積極的で社交的とみられるような子どもであった。また、一時期かなり貧しい生活を経験したが、最終的には、高校を卒業し、私立の大学も無事卒業することができたわけであるから、貧しさを経験する中にあっても、まだ救いようがあったと言えよう。

そのような表面的な明るさと積極性と裏腹に、私にとっては、幼少期から、自分の生い立ちのことが心に痛みとしてあり、自分は普通とは違うという負い目のような思いが心の奥底にあった。そしてそれが傷となり深いメランコリーとして深層心理のように潜在していたのである。また、救いようがあるとはいっても貧しさは貧しさである。それなりにつらい思いや嫌な思い出もある。このような生い立ちに対する負い目や貧しさの経験は、著者の社会に対する視線をかなりネガティブなものとしていたように思う。実際、心の中に社会一般に抑圧されているような感覚や、否定的な意味で普通ではないという感覚があり、そのため著者には、社会に対するある種ルサンチマン的な感情が潜伏していた。だから、著者の子ども時代の明るさと社交性は、そのような影と傷となるルサンチマン的な感情に対する著者自身の抑圧であったと言えよう。しかし、そのように抑圧されたものは、どこかで姿を変えて顕在化する。著者の場合、そういった抑圧された感情は、一時、共産主義的な思想と、学生運動に対するあこがれとなって現れた。もっとも、浪人中にキリスト教に触れ、キリスト教徒となったため、実際に学生運動に参加することもなく、むしろサークル活動と教会活動を中心とした極めてノンポリ的な学生生活を過ごすことになる。ニーチェに言わせればルサンチマンのなれの果てとでも言われるのであろうが、言いたい者には言わせておけばよい。

著者がキリスト教徒になるいきさつは次のようなものである。著者は高校三年のとき、友人の「受験に役立つ話が聞ける」という紹介で、キリスト教会においては異端とされる団体と関わり合いを持ったことに端を発する。その関わりは、著者にとって心地よいものであり、そこに自分の居場所があるようにも感じられるものであった。そのため、その関わり合いは浪人生時代にも続く。

先にも述べたが、著者は高校時代、共産主義と学生運動に密かな憧憬を抱き、それらの思想は、自分の内にあるルサンチマン的感情の活路として感じられた。それに対して、その異端の団体は、徹底した反共産主義を掲げている。そのため、この二つの間のどちらを選ぶべきか、自分自身に揺らぎを感じていた。そのような中で、別の知人を通じてキリスト教という第三極と出会ったのである。

当時一九歳であった著者は、この三つの中で、どれに自分の人生をゆだねるかの選択を、自分自身に迫っていた。その結果として、著者は、自分自身の意思でキリスト教を選択し、それに自分の人生をゆだねる決心を主体的・選択的にしたのである。それは、共産主義に思想的魅力を感じつつも、某異端の団体にも、またキリスト教会にも、何かしら居心地の良さがあり、自分の居場所を感じさせる温かみがあったからである。今思えばそれは、自分は「何を為すべきか」ということに先んじて、「自分はどこにいるべきか」という身の置き場の問題を重視した選択であった。その上で某異端の団体ではなく、いわゆるキリスト教を選択したのは、キリスト教には、某異端の団体以上に真実さがあったからである。これが著者にキリスト教を信じさせ、キリスト教への入信の決断を促した。もちろん、入信するにあたって、ある種の霊的な経験がないわけではない。それは、キリスト教を信じると決心した後の最初の礼拝で起こった。その礼拝で牧師が講壇から語る言葉の一つ一つが、まるで天から降り注いでくる言葉のように感じ取られ、神が私に語りかけてくださっていると心から感じたのである。それは、理屈では語り難い一種の霊的経験とも呼べる直接的かつ純粋な宗教経験であった。この経験は、たしかに著者の信じるという決断を強固に支えるものとなった。しかしそれは、信じると決断した後に起こった経験であり、あくまでも信じると決断するに至ったのは、先に述べたようないきさつである。

もちろん、信仰の決断をし、洗礼を受けるにあたっては、牧師の導きで罪の告白と信仰告白をしてから洗礼に与った。西方教会が語り伝えるキリスト教には、定まった一つの構造、すなわち私たちが「キリストの十字架」によって「私自身の罪」と、その罪に対する「神の裁き」から救われるという救済の構造がある。それゆえに罪の告白と洗礼は通らざるを得ない儀礼である。しかし、少なくとも、著者がキリスト教に自分の人生を賭けるという選択をしたとき、著者は、自分自身の罪を深く自覚し、その罪に苦しみ、その罪から救われたいと願ってキリスト教を信じる決断をしたのではない。その時の著者の心の中にあったものを探り求めるならば、先に述べたようにキリスト教会の中にある温かさと居心地の良さにいつまでも身を置きたいという思いからである。

そのような理由で、自らの主体的選択としてキリスト教を選び取った者にとって、問題はあとからやって来る。特に著者の場合、宗教経験を重んじ、「いつ」「どの聖書の言葉で、神の救いの約束が与えられたか」という「回心の体験」と「救いの確信」を強調する、いわゆる「きよめ派」と呼ばれる教派の教会に属したのであるが、先に述べたような理由で信仰の道に入った著者の経験は、「いつ」「どこで」「どの聖句で」という回心の体験の枠構造に収まらない。それでも教会に繋がり留まりたいという思いが、自己の入信のいきさつと教会が伝える回心の構造との間にあって葛藤し、かつ両者の間に何とか整合性を持たせようとする。その結果、著者の生の根幹にある苦悩の根源である出生のいきさつこそが、自分の内にある罪の結果であると捉え直すことで「罪びと」としての自己同一性を確保しようとしたのである。

この自己同一性は著者自身による恣意的な整合によって造られた自己同一性であり、当然のことながらそこには無理がある。何よりも、入信への決断に明確な「認罪」があったわけでもなく、それだけに（牧師が説教で語る聖書の言葉が、あたかも神の言葉として著者に語られたと感じる神秘的な感覚はあったにせよ）「罪の赦し」という宗教経験は恣意的なものであり、かつ希薄である。そのため、実は「救いの確信」もあやふやなものであった。その著者が、自分はキリスト教徒であるという明確な確信を得たのは懐疑からであった。

先にも述べたように、著者が所属する教会はウェスレアン・アルミニウス主義の立場に立つ「きよめ派」に属しており、聖書の言葉をありのままに神の言葉として信じる福音派の信仰である。したがって倫理的な面では律法主義的厳格性を持つ。それに対して、田舎から出てきたばかりの青臭い若僧には、東京という大都会はあまりにも誘惑が多い場所である。その誘惑の中で、実際に行為としての不道徳や過ちを犯したわけではないが、心はいつも揺れ動いている。そのような時には「みだらな思いで他人の妻を見る者はだれでも、既に心の中でその女を犯したのである」（マタ五・二八）という聖書の言葉は、青年の心をするどく突き刺す。だから、著者の心の中にはいつも自分自身への懐疑があった。実は、著者はかなりの懐疑主義者である。

そのようなわけで、「明確な確信もなく、心の中には神にふさわしくないような思いが満ちているこんな自分は、教会に身を置き、教会の交わりに留まりたいからキリスト教徒であると思いこもうとしているのではないか」という問いが繰り返し湧きあがり、自分自身のキリスト者としてのアイデンティティを懐疑した。そのような中、あるとき、ふと「自分はなぜ、このように悩み苦しむのか」という問いが起こってきた。悩んでいる自分自身への懐疑である。そこで行き着いた結論が「キリスト教徒だからこそ、神にふさわしくないと悩むのであって、キリスト教徒でなければこのようなことは悩まない」ということである。自分は本当にキリスト教徒かという自分自身への懐疑は、キリスト教徒であるからこその懐疑であり、これによって、著者の「救いの確信」の問題は解決した。つまり、懐疑こそが著者の信仰の現れなのである。しかし、実はそれによって著者の苦悩が完全に解決したわけではない。というのも自分は、いつキリスト教徒になったのかという問題は解決していないからである。なぜならば、「いつ」「どこで」「どの聖句で」という明確な「認罪」と「罪の赦し」という宗教経験は、依然として希薄なままだったからである。

たしかに、自分の出生に関わることは、著者にとっては、重い荷物であり痛みであり、苦悩の源であった。それを自分の罪として捉え直すことで、罪びととしての一応の自己同一化を図り、キリスト教徒としての歩みをはじめ、懐疑によって自分はキリスト者であるという確信を得、そして今日、牧師として著者は生きている。

しかし、よく考えてみると、そもそも、著者の出生の問題は、著者自身がもたらしたものではない。それは著者の実の父と母の問題であり、それが罪であるとするならば、それは著者の罪ではなく、著者の実の父と母との罪の問題であって、著者にとってそれは自分の罪ではなく、著者の「外側にある罪」である。にもかかわらず、その「外側にある罪」が生と生活の苦悩となって著者に絡みつき、著者もまたそれに絡めとられている。それを自分の罪と捉え直すことは、自分の苦悩を自分自身がゆがめてしまっていることに他ならない。そしてそのような苦悩と罪を関係づける捉え方は、決して正しい捉え方ではない。だから、「私の苦悩」は、解決のつかないまま、あたかもキリストの十字架で解決したかのようにして置き去りにされたのである。だとすれば、著者はいつ救われたのか。また著者があの置き去りにした悲しみ、置き去りにされたままの苦悩に、十字架の上のイエス・キリストは何と語りかけるのか。このような苦悩にキリスト教はどう関わるのか。さらに突きつめれば、「外側にある罪」がもたらす苦悩に、イエス・キリストの十字架はどう関わるのか。否、イエス・キリストというお方の存在とご生涯はどう関わるのか。それはまさに「今・ここで」の生に関わる課題である。著者の、従来の「救済論＝贖罪論」を包摂し、かつそれを超えたより広く多様性のある新しい救済論の可能性を問う問題意識は、まさに著者の私という存在を軸にし、著者自身の背景の中に種まかれたものなのである。

第三節　不条理な苦悩と悲しみ

一九九五年一月一七日と二〇一一年三月一一日は、我々日本人にとっては忘れられない日であり、忘れてはならない日である。阪神・淡路大震災の神戸を焼き尽くしたあの炎、あの東日本大震災の大きな揺れと津波、そして福島原発事故は、多くの日本人の心に深い傷と痛みとを残した出来事である。また世界中の多くの人にも衝撃を与えたのではないだろうか。

著者は、東日本大震災の二週間後にトラックに救援物資を積んで、いわき市の津波の被災地に立っていた。また、一ヶ月後にも石巻市の被災地も訪れ、その津波の被害の大きさに言葉を失った。そして、その被災地の中で、おそらく津波に流され瓦礫となった自分の家であろう、その瓦礫の山の前でうずくまるようにしてしゃがみこんでいる一人の初老の男性の後ろ姿を見た。そのとき、その後ろ姿を見ながら牧師として、また一人のキリスト者としてかける言葉を見つけられない現実に戸惑いと無力感を感じていた。

目の前にあるこの悲惨な現実、そしてそこに苦悩し、悲しみ、途方に暮れて佇んでいる人がいる。その人にとって、「私たち人間は『罪びと』です。神は、その『罪びと』である私たちを罪とその罪の裁きである死から救うために十字架にかかって死んでくださったのです。それほどまでに神はあなたを愛しているのです」という言葉が、どれだけの力とリアリティがあるのか。何よりも、著者自身が、あの打ち上げられた船や瓦礫の山、津波に流されて何もなくなった家の敷地、そういった現実を見せつけられて、心の中に「神も仏もあるものか」という言葉が沸き上がってくる。このような事態をどう考えたらよいのか。この問いは、著者にとって抜き差しならないものとして答えを求めてくるのである。

神は本当にいないのか。「神がいる」としたならば、この不条理な苦しみや悲しみはどこから来るのか。また、これまで著者が語り伝えてきた「罪の赦し」の福音が、この不条理な苦しみと悲しみの中にある人に語る言葉として、力とリアリティがないとするならば、「罪の赦し」を語る福音の言葉はいったい何なのか。牧師であるならば、また牧師であるからこそ、それは考えることを避けてはならない問題として迫ってくるのである。

「神も仏もあるものか」という思いが心の中に湧き上がってくる。しかし、奇妙なことに、その思いが沸き上がってくるほどに、著者の頭の中には「それでも神はいる」という言葉が鳴り響いてくる。この葛藤の中で、著者がたどり着いた答えは、やはり「この世界には神がいない」ということである。ただし「この世界」に神がいないのであって、存在論的に神が存在しないということではない。神はいる。ただ「この世界」にはいないだけなのである。この「神がいない」という言葉が不信仰な響きをもって聞こえるとするならば、「神が隠されている」と理解してもらってもよい。この「世」は我々に神がいないと思わせるように、神のこの世界への関与を隠すのである。そして、そのような神が隠匿された「この世界」とは、我々が生を受け生きている我々を取り巻いている現実の世界である。(1)

この結論は、著者にとってマタイによる福音書二章の物語に光を与えた。マタイによる福音書一章はキリスト降誕の物語である。そのマタイによる福音書を見ると、東方の博士によって誕生したという出来事を伝えられたヘロデ王とエルサレムの人々は不安を感じている。このとき、ヘロデ王は祭司長や律法学者に対して「メシアはどこに生まれるのか」と問うている。だからヘロデも、そしてエルサレムの人々も「この新しく生まれた王がメシア（キリスト）である」と認識していたことになる。ところが、聖書の中からはキリストの誕生を祝う言葉も喜ぶ言葉も聞き取れない。人々は不安の中に身を沈め、そして沈黙を守っている。

ヘロデにしてみれば、いきなり「新しい王」が生まれたと言われ、自分の立場はどうなるのかという不安もあったろうし、「新しい王」が生まれたと知らされた民衆に加え、なによりもローマ帝国がどのような態度に出るかという不安もあったであろう。また民衆は民衆で、猜疑心が深く残虐な王であったヘロデが、「新しい王」が生まれたと聞いて何をしでかすかわからないという恐れと不安があったと思われる。いずれも、自分に何か不利益が及ぶことを恐れ、先行きに不安を感じて、救い主であり新しい王であるキリストの誕生を喜べず沈黙を守るのである。

このとき、すでにイエス・キリストはヨセフを父とし、またマリアを母としてベツレヘムで生まれている。そして神は主の使いを通して「ヘロデが、この子を探し出して殺そうとしている」(マタ二・一三)と告げる。そこで、ヨセフはマリアと幼な子であるイエス・キリストをつれてエジプトへと逃げていく。こうして、イスラエルの民の中に生まれた神の独り子であるイエス・キリストは、その民の住む世界から去っていくのである。このキリストが立ち去っていった世界に何が起こったか。それはヘロデによる、二歳以下の子どもを殺すという虐殺である。それは、神の独り子を葬り去るためのものであり、神の独り子をこの世界から排除するためのものである。つまり、神の独り子が排除され、いなくなってしまった世界に起こった悲惨な出来事であり、子どもを殺された親にしてみれば、誠に理不尽な、やり場のない悲しみであり苦悩があったであろう。それが、神の独り子が立ち去っていなくなった世界で起こるのである。

このように、マタイによる福音書二章の幼児虐殺の物語は、神のいない世界の不条理な悲しみと苦悩を物語る。そして東日本大震災の後の、津波がすべてを破壊し流し去った世界に立って著者が見たものもまた、「神がいない世界」の悲惨さと苦悩である。著者がその中で聞いた「神も仏もあるものか」という著者の心の叫びは、神に敵対するものが、我々を神から引き離し、「この世界」だけではなく、我々の心からも神を追い出させようとする誘惑に呼応するものである。だからこそ、我々は、神を求めなければならないし、私たちの心の中に神を取り戻さなければならない。神は、この神がいない「この世界」に生きるものだからこそ必要なのである。これが、あの「神も仏もあるものか」という心の叫びと「それでも神はいる」と頭に響き渡る言葉との間で起こった葛藤の中でいきついた神と「この世界」の関係である。それは本書を書き上げるにあたって前提となる著者の神学的な世界観なのである。

考えてみれば、著者個人の救いの経験の中にあって置き去りにした悲しみや苦悩の問題も、またあの津波の被害の中で一人たたずんでいた初老の男性の後ろ姿に垣間見た苦悩や悲しみも、この「神のいない世界」の中で起こった出来事である。そして、そこで語るべき福音は、そのような「神のいない世界」にある悲しみや苦悩から我々を救う「救いの言葉」であるはずである。それゆえに、著者は本書においてキリスト教の救済論を取り上げ、それについて考えてみたいと思う。それは、ポスト3・11の救済論となって現れてくるポスト3・11の神学であり、日本という文脈の「今、ここで」を生きるすべての牧師に突きつけられた課題である。著者は、その課題に向き合う一歩として、まず人間というものについて考えてみたい。

第四節　なぜ人間か

「学」という字が振り当てられる学問は、何かしらの観察対象について考え、語ることであり、対象を五感によって観察し、それを端緒にして考察し叙述する知的営みである。それを考えると神学という学問は、極めて特異な学問であると言わざるを得ない。というのも、神学は神について語る「学」だが、その神学において観察の対象となる神は、直接的に五感をもって観察することが不可能な存在だからである。そもそも、神学の対象となる神の存在自体が論証不可能なものであり、そのため神学は神はいるという人間の信仰告白を前提にすることによってはじめて「学」として可能になる。したがって、神学とは何かしらの信仰告白を前提とし、その信仰告白をする者が、自らの信仰の内側を反省的に考察し叙述することによって成立する。ここに神学という学問の特異性がある。

その神学において、とりわけ救済論という組織神学に属する分野において、人間論の存在は極めて重要である。神学という観察不可能なものを取り扱う「学問」において、唯一、神が創造した被造世界のみが観察可能なものだからである。中でも救済論において人間という存在は一級の観察対象となる。というのも、この目の前に存在する人間が「救われる」ということはどういうことなのかを、「人が救われる」という現象を観察しつつ、人を救う神という存在を考え、救い主であるというキリストの存在を考える道を開くからである。それはつまり、人間という存在を観察することが、神という形而上学的な存在、全き神であり全き人であるイエス・キリストという存在を考察する糸口になるのである。それは、「救済論」という神学の一項目が、神が人間をお救いになるという神と人との関係を取り扱うことを考えると、ある意味当然の帰結と言える。その際、我々がどのような視点で人間を見ているのかということが、「救済論」という知性の営みとしての「救い」を語る上で、極めて重要な要因となっている。つまり、我々が人間を観察し、その観察された人間を聖書がどのように語っているかということを考察することによって、そこから神という存在に「学」として切りこむ第一歩を踏み出すことが可能となる。そういった意味で、神学においてヒューマニズム（人文主義）は重要である。ヒューマニズムの根底には、人間が本来の人間としての善さに到達したいという人間本性への渇望があるからである。その渇望が、神学を離れたこの「世」の学として人間を観察し追求させる。その結果、ヒューマニズムは神学にとって優れた準備となる。

もちろん、だからといって著者は「聖書のみ」のプロテスタンティズムの伝統を軽んじようとは思わない。著者はプロテスタントの牧師であり、一応は「聖書は神の言葉である」と奉じる福音派に属する牧師である。だから、「聖書は誤りのない神の言葉である」と信じている。もっと厳密に言うならば「聖書は神の言葉である」という方が正確であろう。

「聖書は誤りのない神の言葉」であるという表現からあえて「誤りのない」という言葉を除いて「聖書は神の言葉である」としたのは、この「誤りのない」という表現の解釈を巡っては、福音派内に微妙な問題が存在しているからである。特に本書の執筆中は、その問題が再び顕在化しつつある。(2)

いわゆる「無謬性」と「無誤性」の問題である。

著者の立場をあえて言わせてもらえるならば、著者は、責任をもって聖書は科学的あるいは歴史的記述においても誤りがないとは言えない。そもそも、聖書は科学的に誤りがないということにおいて、聖書が現代科学と反する内容を記述している箇所において、その一つ一つを科学的方法論によって検証し、聖書の科学的知識が正しいということを著者は立証できないし、それを立証した人がいるということを聞いたこともない。せいぜい、演繹的に推測する範囲にとどまっている。そのような中で、科学的に誤りがないなどと責任をもって言うことはできない。(3) また歴史的な事柄についても同じである。

「無誤性」を主張する根拠の一つに、神は誤りのないお方であるから、その神の語られた言葉に誤りがないという演繹的論理がある。たしかに、神は誤りのないお方であるということに、著者も同意し、そう告白する。しかし、先にも述べたように、聖書は「神の言葉」でありつつ、「人間の言葉」でもある。厳密に言うならば、「人間」を用いて神が語られた「神の言葉」なのだ。そして、「誤りのない」お方である神が、知識においては時代的・地域的・文化的制約を受けている人間の言葉を用い、しかも多様な表現ジャンルによって自らを語り、神の壮大な救いの物語を語っておられるのである。

そのような思いをもって、著者は信仰をもって信仰告白的に「聖書は誤りのない言葉である」と告白する。この場合の「誤りのない」とは、「救い」の事柄に関して、神は聖書を通して我々に神ご自身と救いのご計画を、啓示として誤りなく伝えておられる。それが聖書である。その意味において

「聖書は神の言葉」であり「聖書は誤りがない」。それは私の信仰告白であり、科学的に、また歴史的に立証することを必要としないし、立証不可能な前提である。それが私の信仰的立場であり前提である。このような捉え方からすると、今の著者の立場をあえて言うとするならば「無謬性」であるということになるのかもしれない。

神は全能である。それは聖書が主張する神の属性である。この神の全能という属性は、神の創造の業に最も顕著に表れている。この天と地をお造りになられた全能の神だからこそ、神は不十分な人間の言葉や表現形態（たとえばそれが神話であったとしても）を用いて、ご自身を表し、また人を救う救いの意志と、ご計画を表し、かつその救いに招き、救いを完成させることができるのではないだろうか。もし仮に、神は誤りのないお方であるから、そのようなことはできないと我々が宣言してしまうならば、我々は神の全能性を疑い、信じず、否定していることになりはしないだろうか。誤りのないお方が、誤りのある者をも用いることができ、誤りの中に神の真実を表し得るとき、神はまさに全能であるとして、我々の「聖なるかな、全能の神」という賛美の対象となられるのではないだろうか。

もっとも、科学的、また歴史的に誤りではないかと考えられる聖書の記述のすべてが科学的に、すなわち帰納的に論証されるならば、著者は喜んで「無誤性」に立つであろう。同時に、「今、ここで」においても、「無誤性」の立場の信仰告白を排除しない。「無誤性」と「無謬性」は相反する対立的な概念ではない。むしろその関係は互いに「聖書は神の言葉である」という信仰告白に立ち、この言葉によって結ばれた一つの集合体だからである。「聖書は誤りのない神の言葉である」という信仰告白を命題化する主述の関係は、「聖書」という主語に対して、「神の言葉」という述部が、「である」という繋辞で結ばれた三位一体的構造をもつ信仰告白なのである。その主述の関係の中で「誤りのない」という言葉は、「聖書は神の言葉である」という主語・述語・繋辞の関係の間に置かれた形容詞であり、現象学的に捉えられる神の本質を指し示すものであって、合理的説明をもって語られるものではない。「バラは美しい花である」という時の「美しい」という形容詞が合理的説明によるものではなく、むしろ合理的に説明できない性質のものであるのに等しい。つまり、「聖書は誤りのない神の言葉である」という命題における「誤りのない」という形容詞は、合理的説明によって言い表せないもの、つまり合理的判断および理解にとっての「余剰」[4]に対する感情なのである。

しかしいずれにせよ、著者は、「聖書は神の言葉である」、あるいは「聖書は誤りのない神の言葉である」という福音派の牧師としての信仰告白に立っている。そしてその信仰告白の前提のゆえに、著者は、「今、ここ」にある聖書そのものを素直に、そして単純に読みたいと思う。それは、新約聖書をもってキリスト教を教義化し、それをもって旧約聖書を読み解くのではなく、旧約聖書の出来事は旧約聖書の出来事として捉え、その出来事が歴史的展開として新約聖書に帰結していくという、聖書を一つの書として読み解く読みである。そして神の救いの物語を読み取り、聖書に描かれている人間に目を注ぎたい。著者が観察し得る人間と聖書が語る神の救いの物語とを関係づけて考察し、著者なりの「救済論」の展望を描き出していきたい。

注

（1）「この世界」に神がいないということは、この世界に神の恵みが全くないということではない。その世界にあるものは、すべて神の創造の業によるものであり、この世界が存属しているという事実の背後には神の恵みがある。しかし、「この世界」は、そのような神の恵みを全く意識せず、神との関わりなしに神を排除している。その意味において、「この世界」に神はいない。

（2）この微妙な問題は、福音派における聖書信仰の歴史と多様性を明らかにしつつ、シカゴ宣言によって固定化した日本の福音派の聖書信仰の持つ問題点と将来の展望を述べた、藤本満『聖書信仰——その歴史と可能性』（いのちのことば社、二〇一五年）をきっかけに、シカゴ宣言に固く立つ立場との間にあるものである。『聖書信仰——その歴史と可能性』自体は、一九七〇年代の無誤性と無謬性の問題に触れつつ、無謬性が退けられたことに遺憾の意を示すが、それ自体を論争の主題にしようという意図はない。むしろ、その論争自体が福音派の「聖書信仰」が持つ多様性として受容されている。しかし、無誤性の立場からは強い反発が見られ、聖書神学舎教師会編『聖書信仰とその諸問題』（いのちのことば社、二〇一七年）となって表明されている。

（3）実際、聖書は科学的には誤りだらけである。と言うのも、聖書に記された「奇跡」は科学的には起こりえないありえないことであり、だからこそ科学的には否定されるべき出来事だからである。しかし、著者は聖書の「奇跡」を「信じる」。それゆえに聖書は「奇跡」という科学的誤りを含むと告白する。もし聖書が科学的に誤りのないものであるならば、再現可能性をもって、処女降誕や復活を証明できるはずであり「奇跡」はもはや「奇跡」ではない。しかしながら、そのような証明を著者はいまだ知らない。

（4）この場合の「余剰」とは、人間の知解・理解・経験によって反省的に捉えられる事柄の外側にあるものであり、より直感的に把握される根源的なものである。つまり、「聖書は誤りのない神の言葉である」と言うとき、その誤りのなさは、人間が反省的に捉える科学的思考を超えたものである。あえて言語化するならば、神の意思や知恵における誤りのなさであって、それは人間を救う神の意思と知恵として表れるものである。もちろん、この場合、聖書は神の救いに関する書であるという前提がそこにあるのであり、聖書が科学的思考の教科書であるというのであれば、「余剰」は存在しない。人間の知性内にあるからである。ただし、このときに神は人間の知性内にある存在として、神の「余剰」性が否定されることは覚悟しなければならない。

第一章　人間論の問題

第一節　贖罪論的人間観と人間の「内側にある罪」

西方教会の伝統においては、私たちが、「キリストの十字架の死」によって私たち自身の罪とその罪に対する「神の裁き」として与えられる罰から救われるという「救済論＝贖罪論」[1]はパウロまで遡るとされている。パウロの神学的著作であるローマの信徒への手紙でパウロは罪の問題を取り上げ、その解決にキリストの十字架を見るというのである。そしてその上にパウロの贖罪の神学を構築するのであるが、このようなパウロの神学は、パウロがかつてキリスト教を迫害したという罪の意識の上にあると考えられる。この罪の意識はダマスコ途上でのキリストとの出会いで起こり、またその出会いにおいてパウロは自分の罪の問題を「赦し」として解決している。それゆえにパウロの神学が、私の罪を赦す贖罪の神学として捉えられるのである。そのプロセスは、たしかに聖書に認められるものである。したがって、パウロ神学にとってもキリスト教にとって重要な神学思想のひとつであることは、間違いがない。しかしそれは、あくまでもひとつとしてである。というのも、パウロはローマの信徒への手紙八章で被造物の全体の救いについても言及しているからである。

たしかにパウロの神学は、「救済論＝贖罪論」を中心に置き、それを骨子として建てられていることは間違いがない。しかしパウロの神学には、宇宙論的救いへの窓も開かれている。ローマの信徒への手紙八章はその現れである。また、後に明らかにするが、パウロの神学にはユダヤ黙示思想的な、神とサタンの対立構造の下での神の勝利という視座もある。とはいえ、西方教会の伝統、とりわけプロテスタンティズムは、もっぱらパウロの中に、罪の赦しによる救いというものを抽出し、パウロ神学を「救済論＝贖罪論」で語ってきたことは否めない。

このようなパウロの罪の赦しに立つ「救済論＝贖罪論」の基礎を築いたのは、西方教会の伝統における神学の礎ともいえるアウグスティヌスであろう。そのアウグスティヌスの人間論の特徴は、彼の「原罪論」にある。我々プロテスタントの教会にある者にとって、「原罪論」は自明のことのように思われるが、キリスト教教理の歴史においては、「原罪論」はアウグスティヌス以後の西方教会に受け継がれた重要な神学的人間観である。ところが、東方教会の伝統は「原罪」に西方教会の伝統ほどには関心を示さない。つまり、原罪論は西方教会を特徴づける神学主張の一つなのだ。その「原罪論」が西方教会の伝統において、宗教改革においてもより強調され受け継がれていった。そういった意味では、西方教会の伝統は、人間の罪ということを意識した神学であると言えよう。もっとも、この罪という言葉が何を指すかが問題なのだが、そのことはあとで述べることとして、ともかく、アウグスティヌスは人間に内在する罪の性質に目を向けて人間を捉えるのである。

そのアウグスティヌスは、彼の自伝『告白』で、自分の罪を、青年期の罪を抑えることのできない肉的な快楽を求める欲望に見ている。そしてそれを、「情念」に従って生きる姿を重ね合わせて表現している。[2] それは、特に性愛（リビドー）に溺れる姿や、仲間と共に悪行そのものを行うことに快楽を感じ楽しみを求める姿として表されている。[3] このような罪への抑えきれない衝動を自覚するアウグスティヌスは、その抑えきれない「情念」の衝動に、神の正義が欠乏している己の姿を見てとり、そこに罪を犯さざるを得ない人間の現実の姿の理由を見出している。これが、アウグスティヌスの原罪論の根底にある人間理解である。

アウグスティヌスの「原罪論」は、オランジュ公会議[4]を経て、西方教会の伝統に正式に受け入れられることになる。こうして、生まれながらにして罪を犯さざるを得ない罪びとであるという人間理解が西方教会の人間観の基調となる。そこに罪びとである私たちを「救う」ために神の御子イエス・キリストは受肉され十字架につけられて死なれたのだという西方教会の伝統に横たわる「救済論＝贖罪論」が展開されていく。それが端的に表れているのがアンセルムスの満足説である。

アンセルムスの満足説は、少々乱暴ではあるが、要約的に述べると次のようなものである。すなわち、「人間の罪が神の義を著しく傷つけたのでそれを償わなくてはならないが、傷つけたのは神の義であるので、人間では十分に償いきれない。そこで、神の独り子が人となり、人間を代表する形で十字架の上で死なれることで、十分に満足できる償いをしてくださった」というものである。ここには、神の御子の受肉の意味と十字架の意味が述べられているが、受肉はあくまでも人間の罪を贖うための償いとして捉えられている。イエス・キリストの受肉は、人間の代表となってその罪を償うために十字架の上で死ぬためのものなのである。それは、神の御子が罪びとである人間と連帯するための受肉、すなわち、罪びとに神の御子がつながるための受肉である。こうして、イエス・キリストの十字架の死は人間が受ける罪の裁きに対する代償となる。このように、西方教会の伝統の中でパウロ—アウグスティヌス—アンセルムスと受け継がれた罪びととしての人間理解は、ルターによってより明確に主題化される。このルターによって主題化された罪びととしての人間理解は、「キリストの十字架の死」の意味を罪びとである私、すなわち個としての自覚を持つ私の罪を赦すための「救いの業」として捉える。まさに十字架に磔にされたキリストのみじめな姿に、私の罪の赦しを見るのである。こうして、「キリストの十字架の死」がもたらす「救いの業」は個人の救いに焦点が絞られ、先鋭化する。そして「キリストの十字架の死」によって私の罪の償いが成し遂げられたのだという「救済論＝贖罪論」による宗教改革的神学の枠組みが確立する。それはとりわけカルヴァンによって、よりいっそう徹底され、強化されるのである。

宗教改革は、一五一七年一〇月三一日にルターが九五ヶ条の提題を世に問うたところからはじまるが、その時のルターの問題意識は、赦しの秘跡（告解）にある。赦しの秘跡とは、洗礼後に犯した罪について、司祭に犯した罪と、その罪を深く悔いる気持ちを告白し、司祭から罪の赦しの宣言を受け、その罪に値する償いの行為をすることである。しかし、自分が犯した罪を忘れてしまっていたならば、告解することができない。そうすると私の「罪の赦し」はどうなるのか。仮に洗礼後の罪に対して告解の秘跡が赦しを与えるとしても、それは認識し告白できる罪についてだけであり、認識していない罪は、赦しの秘跡に与れない。つまり、完全な赦しとしては極めて不確実なものなのである。この不確実さと良心に対する誠実な態度がもたらす不安にルターの問題意識の本質がある。

ルターは、九五ヶ条の提題を世に問う二か月ほど前に九七ヶ条の提題によって構成される『スコラ神学反駁』を発表している。それは人間の自由意志を否定し、自由意志を擁護する立場に対するルターの激しい攻撃である。この九七ヶ条の提題においてルターは、「悪い木となった人間は、悪を意思し、かつ行うこととしかできない」と言い、人間は、人間の自由意志において善いことを選び行うことはできないというのである。それだけに、罪びとである私の罪が赦されて救われているということに対して、告解は十分に機能していないというルターの自覚は、「如何にすれば私の救いは確かなものになるのか」という問いになり、そこに大きな宗教的不安をもたらす。

もっとも、現実の人間は善いことも行うわけで、「人間は悪を意思し、かつ（悪を）行うことしかできない」というのは言い過ぎのように思われる。しかし、ルターが言っているのは、人間が、倫理的に善い行いができないということではない。ルターの主張は、極めて救済論的文脈において「人間は悪しか行えない」ということである。ルターの目にも人間はたしかに倫理的には善いこともするように映る。しかし、いかにそれが人に善き業に見えようと、それをもって自らを自力で救うためになしうるための善い行いと見なすことはできない。またルターは、人間がこれを行えば自分は救われると思い行うところに、すでに傲慢という罪があると考える。つまり、人間が自らの業によって自らを救えると考えること自体がすでに傲慢という罪なのだというのである。このように、ルターにおいては人間の業が、神の前（coram Deo）での救済の局面と人の前（coram hominibus）での倫理の局面に分けて考えられている。こうして、救済と倫理は分離する。そしてこの救済論的局面においてルターは、この「悪を意志し、かつこれを行う」ことしかできない罪びとである人間は、イエス・キリストの十字架においてなされた贖罪の業を信じ、それに信頼を置くことで神の義が付与される。罪びとの存在である私たちが、私の罪を赦されて救われるのだという信仰義認論に行きつくのである。

このルターの信仰義認論に立ちつつ、宗教改革の新たな局面を開いたのが、宗教改革の第二世代であるカルヴァンとそれに続くカルヴァン主義である。これらは、後に改革派と呼ばれるグループであるが、その改革派の神学は、人間は完全に堕落した罪の状態にあるという全的堕落を主張し、予定論を述べる。予定論は、一言で言うならば、人間は自由意志において自らの救いに関わる事柄、つまり信仰さえも選びえないというものである。こうして、誰が信じ救われるのかということも神の主権に属することで、そこには人間の関与は一切ない。人は、ただ神の選びの恵みのみ（sola gratia）によって神の民として再生し、義と認められるのである。これは、宗教改革における人間理解、すなわち善を行うことができない罪びとであるという人間理解と信仰義認論の論理を徹底したものであると言えよう。

このような改革派の考え方に対して、人間の全的堕落を認めつつも、救いにおける人間の主体性を認めたのが、アルミニウスとそのアルミニウスに追従するアルミニウス主義である。アルミニウス主義においても、人間は全的に堕落した存在である。それゆえに人間は、人間自らが自らを救いに導く選択はできない。しかしそのような人間に対して、神の恩寵の先行的な働きのゆえに信仰の選択ができると考える。つまり、ルターやカルヴァンが否定した救済の局面で自由意志を、神の恩寵の下で回復するのである。とはいえ、そのアルミニウス主義であっても、根本において人間は全的に堕落しているのであって、その点ではアルミニウス主義もまた、人間は罪びとであり、イエス・キリストの十字架の贖いによって罪が赦され救われるのだという西方教会の伝統の中にある。

このように西方教会の伝統における人間論は、人間の内側にある罪に焦点を当てる。さらに言うならば、罪びとである私たちの罪に焦点を当てるのである。そしてその罪びとである私たちを先鋭化し罪びとである私がいかにして救われるのかということに問題の中心を置いてきたのがプロテスタントなのである。そして人間の内側にある罪の解決を追求し、いかにしてこの罪びとである私たち、あるいは私が救われるのかを追い求めていった結果が刑罰代償説である。これは、イエス・キリストの十字架の出来事と復活の出来事を罪の赦しのための神の業と捉え、そこから人間を見る贖罪論的人間観として結実していくのである。

第二節　外側の罪から来る苦悩の問題と贖罪論的人間観の限界

神の救いに罪の赦しが伴うということは、聖書が述べる間違いのない事実である。このことにおいて、パウロもアウグスティヌスもアンセルムスも、ルターもカルヴァンもアルミニウスも間違ってはいない。問題はそれだけかということにある。つまり、聖書の救いは私の罪の赦しのみを語っているのかという問いである。

私の内側にある罪とその罪がもたらす苦悩は、人が義なる神、聖なる神の前に立つとき突きつけられる罪の意識がもたらす宗教的実存によるものである。しかし、聖書の中にはそのような私たちおよび私の内側の罪ではなく、もっと具体的な問題に直面した叫びがある。たとえば詩編がそれである。

詩編は多くのキリスト者に深い感銘を与える聖書文書である。聖書の中で詩編が最も好きだという人は、著者の周りにも少なからずいる。これは個人的感想であるが、詩編が、我々の心を引き付け、そして感銘を与えるのは、詩編には人間の生の苦悩が歌われているからではなかろうか。それが、我々の現実の生活の中にある苦悩と重なり合い共感するところに詩編の魅力があるように思う。いずれにしても、詩編には作者の具体的な生の場面における苦悩の中からの叫び声が多く含まれている。しかも、その苦悩は自らの罪の重さに対する叫びだけではない。それは、詩編の作者を取り巻く者たちから加えられる様々な苦しみに対する苦悩の叫びであり、詩人はそのような苦しみを加える人々を罪びととして神に訴え、神の公正な裁きを求めて叫び声を上げるのである。

また、イスラエルの民の民族的アイデンティティを構成している重要な文献の一つである出エジプトの物語を見ても、そこには外側の罪からくる苦悩の物語がある。出エジプト記において、イスラエルの民は抑圧されている。その出エジプト記は冒頭から刺激的である。エジプトの地において、その民が多く増え広がったので、重い苦役を与えるだけでなく、エジプトの王はイスラエルの民に生まれた男の子を殺せと命じる。なんとも理不尽な命令ではないか。そのような理不尽な苦しみの中で、イスラエルの民は神を求めるのである。聖書には次のように記されている。

それから長い年月がたち、エジプト王は死んだ。その間イスラエルの人々は労働のゆえにうめき、叫んだ。苦役のゆえに助けを求める彼の叫び声は神に届いた。神はその嘆きを聞き、アブラハム、イサク、ヤコブとの契約を思い起こされた。神はイスラエルの人々を顧み、御心に留められた。

（出二・二三―二四）

この時のイスラエルの民の叫びは、「苦役のゆえ」であり、罪びとである私たちの罪に対する嘆きでもなく、痛みでもない。ただひたすらに抑圧された民として受ける不条理な苦しみにうめき叫んでいるのである。そのイスラルの民を神は顧みられるのであるが、それはイスラエルの民が自分の罪を悔い改めたためではない。ただイスラエルの民が、うめき苦しみ、叫びの声を上げたその声を聴き、アブラハム、イサク、ヤコブに対して、神があなたの子孫を祝福すると言われた約束のゆえに、神はイスラエルの民を顧みるのである。

この出エジプト記における神の救いの業は、イスラエルの民をエジプトから解放するという形で実を結ぶが、そこには私たちおよび私の罪を赦す償罪としての救いの業を見出すことができない。あの過越の小羊の血でさえ、死の使いを避けるための伐魔的な機能を果たしているものであり、イスラエルの罪に対する罰としての死を赦すためのものではない。それでもなお、あえて裁きと言うならば、神の裁きはイスラエルの罪に対して下されるのではなく、イスラエルを支配し、神に敵対するエジプトに対するものであると言える。そして、イスラエルの民にとっては、それはむしろイスラエルの民、すなわち神の契約の下にある民という帰属と「小羊の血を家の門に塗れ」という神の言葉に聞き従う態度を示すためのものとして機能している。

このように、詩編や出エジプト記にみられる不条理な苦しみの頂点にあるのがヨブ記であろう。ヨブ記は、ヨブという人物が経験する苦難の物語であるが、このヨブ記において、ヨブは神から「お前はわたしの僕ヨブに気づいたか。地上に彼ほどの者はいまい。無垢な正しい人で、神を畏れ、悪を避けて生きている」(ヨブ一・八)と言われるほどの正しい人である。このヨブが自分の生まれた日を呪うほどの様々の苦しみに遭う。その苦しみは、サタンが神に、「神がヨブを祝福し多くの恵みを与えるからヨブは神を恐れ、神の前に全き者なのであって、苦難や試練が襲ってきたら、きっと神を呪うだろう」(ヨブ一・九―一一)と言ったことにはじまる。このとき、サタンは神の言葉を疑い否定している。つまり、サタンは神に敵対する者として神の前に立っているのである。

このサタンの言葉を受けて、「それならば試してみろ」ということで、ヨブは多くの試練や苦しみに遭うことになるのだが、ヨブはこのような神とサタンとのやり取りを知らない。ただ、襲ってくる様々な苦しみの中でもがき苦悩するのである。言うまでもないことだが、ヨブの苦しみはヨブの罪の結果ではない。ヨブの友人が、ヨブに何か罪があるからこのような苦しみがあるのだとヨブを諭そうとするが、ヨブは完全にそれを拒否する。ヨブもまた、自分に罪があるとは考えていないのである。ただサタンの悪意ある言葉によってサタンの支配の下に置かれ、そこで引き起こされた不条理な苦しみだけがあるのである。

このヨブ記において、最終的に神によりヨブは苦しみから解放されるのだが、その際、ヨブに苦しみの意味は何ひとつ明らかにされない。ただ、ヨブが全能の神のなされる業に対して無知であるということを思い知らせ、神こそが創造主であるということをヨブに思い知らせるのである。この自分自身の無知に気づいたとき、神はヨブという存在をすくいとってくださり、ヨブは苦しみから解放され、彼が失った祝福と恵みを神は回復してくださる。

このように、詩編や出エジプト記、そしてヨブ記などを見ていくと、聖書には、単に自分の「内側にある罪」によってもたらされる神の裁きに対する苦悩だけを語っていないことがわかる。それは、人間を贖罪論的人間観で語り、かつ「救い」を「救済論＝贖罪論」で語ることの限界を示している。聖書の中に「外側にある罪」がもたらす苦悩に対する「救い」の業を期待する人間の祈りと、その苦悩からの「救い」のために働かれる神の業を見ることができる以上、「救い」は、もはや贖罪論的人間観や「救済論＝贖罪論」の構造に収めきることはできない。

また我々は、新約聖書の表現にも注意を払う必要がある。たとえばヨハネによる福音書である。ヨハネによる福音書は、聖書記者がナレーターとして語る部分と物語部分によって構成されるが、まず一章から三章までナレーターの語りとバプテスマのヨハネの物語によってイエス・キリストが「誰であるか」について紹介する。その中にヨハネによる福音書において、もっとも有名な言葉の一つ、「神は、その独り子をお与えになったほどに、世を愛された。独り子を信じる者が一人も滅びないで、永遠の命を得るためである」（ヨハ三・一六）がある。ここにおいて、救いは「独り子を信じる者が一人も滅びないで、永遠の命を得るためである」と述べられている。この言葉は、三章一六節に先立つ一五節のイエス・キリストの言葉を受けてのものであるが、いずれも「独り子を信じる者」が救われるという「個」たる私が救われることを示唆している。(5)

しかし、同時に「神は、その独り子をお与えになったほどに、世を愛された」と言うのである。ヨハネによる福音書における「この世（κόσμος）」とは、人間社会であり、個人を取りまく環境である。「独り子を信じる者」である「個」たる私が救われるためには、神はこの「世（κόσμος）」を愛さなければならないのである。それゆえにヨハネによる福音書のナレーターは一六節に続いて一七節で「神が御子を世に遣わされたのは、世を裁くためではなく、御子によって世（κόσμος）が救われるためである」と、この「世」の救いを語る。それは、バプテスマのヨハネによるイエス・キリストに対する証言である「見よ、世（κόσμος）の罪を取り除く神の小羊」（ヨハ一・二九）と一致する。つまり、私という「個」が救われるためにはこの「世」という私を取りまく社会や環境までもが救われなければならないのである。

このことは、パウロがローマの信徒への手紙八章一八―二二節で述べた、被造物の救いの問題と根底において繋がっている。というのも、パウロは一八節で「現在の苦しみは、将来わたしたちに現されるはずの栄光に比べると、取るに足りないとわたしは思います」と言い、今の苦しみとやがて来る終末的な救いの完成とを対比する。その終末的な救いの完成の中で全被造物の救いを語るのである。このとき、パウロは「被造物は、神の子たちの現れるのを切に待ち望んでいます」（ロマ八・一九）と述べ、全被造物の救いを「神の子たち」と結び付けている。この「神の子たち」というのは、ヨハネによる福音書一章一二節で「しかし、言は、自分を受け入れた人、その名を信じる人々には神の子となる資格を与えた」と言われた神の子である。実際、ローマの信徒への手紙八章一八節以降の全被造物の救いに関する記述も、八章一四節の「神の霊によって導かれる者は皆、神の子なのです」の延長線上で語られている。つまりキリストを信じる者が神の子であり、その神の子たちの出現と全被造物の救いが関係づけられているのである。

さらに着目したいのが、八章一四節である。そこには「神の霊に導かれる者は皆、神の子なのです」と述べられている。同時に一九節では、「神の子たちの現れるのを切に待ち望んでいる」と言われている点である。「待ち望んでいる」という以上、神の子はいまだ出現していない。神の子の出現は、やがての「将来」の出来事なのである。

もちろん、パウロはイエス・キリストを主として信じ告白する者が救われているということを疑っていない。しかし、「神の霊に導かれる者は皆、神の子」であったとしても、いまだ全被造物は「神の子たちの現れるのを切に待ち望んでいる」とする以上、そこには、イエス・キリストを信じる者の救いが完成していないという「すでにといまだ」の構造がある。たしかに、キリスト者はイエス・キリストを信じ「イエスは主なり」という信仰告白をもってキリスト者となる。しかし、そのキリスト者となった者も、「霊に導かれる」ということにおいては完全ではない(6)。だから、全被造物は「神の子たちの現れるのを切に待ち望んでいる」のである。ここには、キリスト者は終末論的には救いの完成をめざし、その歩みの途上にあるというパウロの主張が読み取れる。そしてこのことは、パウロがフィリピの信徒への手紙三章一二―一五節で述べた言葉と重なる。すなわちパウロは次のように言うのである。

> わたしは、既にそれを得たというわけではなく、既に完全な者となっているわけでもありません。何とかして捕らえようとして努めているのです。自分がキリスト・イエスに捕らえられているからです。兄弟たち、わたし自身は既に捕らえたとは思っていません。なすべきことはただ一つ、後ろのものを忘れ、前のものに全身を向けつつ、神がキリスト・イエスによって上へ召して、お与えになる賞を得るために、目標を目指してひたすら走ることです。だから、わたしたちの中で完全な者はだれでも、このように考えるべきです。

ここで、パウロが「わたしは、既にそれを得たというわけではなく、既に完全な者となっている」わけではないというのは、復活の力であり、救いの完成である。そしてその完成は、「御霊に導かれている」ということにおいて完全な者となることである。そして、このような視点から人間を見るとき、そこにある人間は、もはや罪びととしての人間ではない。神の像に造られた存在が、その神の像にふさわしい神の似像を形成し、創造の業の完成を目指して歩む創造論的・救済論的人間の姿なのである。

いずれにせよ、先に示した一連の聖書の記述は、我々がイエス・キリストのもたらす「救い」を罪びとである私の罪に対して加えられる神の罰から救われるという「救済論＝贖罪論」では語りつくせないことを示している。そしてそれは、イエス・キリストの十字架の意味についても、刑罰代償説では説明し尽くすことができないことを意味している。そしてそのことは、我々に、従来の「救済論＝贖罪論」と「刑罰代償説」の限界を示唆し、「救済論＝贖罪論」や「刑罰代償説」の問い直しを求めてくるのである。

「救済論＝贖罪論」も「刑罰代償説」も、そしてその根幹にある「罪」の理解も、西方教会の長い伝統の中で培ってきた神学的主張である。だからそれを見直すことには抵抗もあるだろうし勇気も必要だ。しかし、日本は神戸、新潟、東日本、そして熊本と大きな震災と津波という不条理な苦しみを経験し、いじめや経済格差、教育格差といった問題、性的マイノリティの人にいかに向き合うかという課題、そして年間二万人以上の自死者が出る現実などの「外側にある罪」からくる抑圧や社会問題、苦悩を抱える文脈に置かれている。教会においてこれらの問題に真摯に向き合うために、この問い直しは避けることのできない神学的な課題である。

第三節　「罪」とは何か

西方教会の伝統は、救いを私たちの「罪の赦し」と捉え、「救済論＝贖罪論」として理解してきた。しかし、これまで我々が見てきたように聖書の救いを、西方教会の伝統に従って「救済論＝贖罪論」のみで語ることには無理がある。だからといって「罪の赦し」ということを、全的に否定し退ける必要はない。たしかに、パウロは聖書の中で私の罪が赦されると語っているからであり、パウロはそこに神の「救い」を見出している。なによりも、イエス・キリスト自身が、あの最後の晩餐の席で、ご自分の十字架の死を「罪の赦し」を与えるためと言っておられるのだ。その意味で「罪の赦し」は救済論には欠かすことができない一つの側面である。しかし、その場合、「罪」とは何かが問題にされなければならない。というのも、我々日本人が日本語で思い描く罪と聖書が言う「罪」とは、必ずしも一致しているとは限らないからである。そこでいったん立ち止まり、このキリスト教における「罪」ということについて考えてみたい。

「罪の赦し」の言葉の構造は、「罪」と「赦し」の二つの言葉によって構成されている。では、いったい聖書が言う罪とは何なのだろうか。この聖書が言う罪という言葉は、言うまでもなく翻訳語であり、もともとの原語のギリシャ語では ἁμαρτία であり、ヘブライ語では חטאת である。この両者は、いずれも「的外れ」という意味を持ち、神の前で的を射ていない、目標を見失った生き方をしているさまを指している。つまり、人間が人間として本来あるべき姿から離れた形で生きている状態、すなわち神の似姿を形成するという目標を見失った状態が ἁμαρτία であり חטאת なのである。この人間が人間として本来あるべき姿は、言うなれば人間の本性であり、それは聖書の表現を用いるならば、神が人間に与えた神の像である。この神の像は、本来ならば人間を神の似像とするべきものだ。パウロが先にローマの信徒への手紙八章一四節で、「霊に導かれる者は皆、神の子なのです」と述べたと記したが、この「霊に導かれ」生きるとき、人間はそこに神の似像を表す。なぜならば、聖霊は三位一体の神における神の第三位格であり、神の霊であり神の精神の表れであるからだ。それゆえに「御霊に導かれる者」は、神の御心をその具体的な生き方の中に表す。だから、完全に「御霊に導かれて生きる者」は、その生き方の中に完全な神の似像が表れるのである。

　ところが、現実の人間の生き方の中に神の似像が表れているかというと、必ずしもそうとは言えない場面がしばしばある。アウグスティヌスは、その神の似像とは呼べない人間の在り方を、人間の「情念」の中に見出し、それが抑えがたい性愛として表面化していると捉えた。この「情念」の問題は、なにもキリスト教に限ったことではない。ギリシャ・ローマの神話の世界においても重要なテーマであったし、古代ギリシャ哲学においても、特にプラトンに取り上げられている。そこにおいては、「理性」と「情念」との対立が問題とされている。

　この「情念」に対立する「理性」は、単に物事を判断する能力や、理解力といったものではない。それらは知性と呼ばれるべきものである。ここで言う「理性」とは、人間を人間らしく形成する人間の本性、あるいは本性的な働きである。つまり、ギリシャ・ローマ時代から綿々と続く人間の思索の歴史では、人間が人間としてあるべき姿になることを求め、その中で、この「情念」がそれを疎外するものであるということを本質的に見抜いている。そしてそれにどう向き合うかということを考え続けてきた歴史でもあるのだ。

このような「理性」と「情念」を巡る思索の歴史を、キリスト教の思想の中できちんと整理し、まとまった形で捉えたのがエラスムスであろう。エラスムスは、プラトンを駆使しつつ、「情念」と「理性」の関係をパウロの内的人間と外的人間、あるいは霊と肉との関係に捉え直すことで、哲学や文学のテーマであった「情念」と「理性」の問題を信仰の土俵に上げ、それをテーマにキリスト教的人間観を提示した。その意味では、人間という存在を通してエラスムスは神学と哲学の橋渡しをしたと言えよう。その営みは、神学という信仰告白に基づく前提の中で、思索によって内部完結的な営みとなる神学に、人間という観察可能な事柄を通して神学をより反省的に捉えることを可能にしたものである。その人間観においてエラスムスは、「情念」が「理性」を支配する形で人間の意志的決断とそれに導かれる行動がなされる生き方の中に、人間の罪を見ている。

エラスムスの優れた点は、「理性」も「情念」も神の創造の業の内にあり、それが良いものであることをきちんと捉えている点にある。そのうえで、人間が、本来あるべき姿である人間本性を求めて生きているか、あるいは肉の欲に向いているかに目を向けて、「理性」と「情念」の関係の中に人間の罪の姿を見ている。そのうえで、人間本性が完成された姿、すなわち具体的な神の似像として完全に表れた姿を、人となった神の御子イエス・キリストに見ている。つまり、霊と肉の二元論的対立構造において、霊の完全性が表れているのが受肉したイエス・キリストなのである。

またエラスムスは、その「情念」と「理性」の関係性における「情念」の理解において、「情念」を野獣のような抑えがたい下劣な「情念」――抑制すべき「情念」――高尚な「情念」といった具合に階層的に捉えている。このような「情念」を階層的に見る捉え方は、何もエラスムスに限ったものではない。それは、古代のプラトンにおいても、また現代においてはA・マズローにも見られるものであり、時代を超えて現実に生きる人間を観察することで得られる結果である。つまり、エラスムスは人間を語る際に、しっかりと現実に生きる人間を観察し、その現実の人間の姿を、聖書で語られる人間の姿の中で捉え直し、語っているのである。ただ、エラスムスの階層的な「情念」の理解の優れた点は、友情であるとか、家族への愛情だとか、不名誉を恐れる心であるとか、一般的には善いと思われるものも、高尚な「情念」として「情念」の中に入れているところにある。

エラスムスの言う高尚な「情念」とは、「理性」に従いやすい「情念」である。だから、高尚な「情念」は人間にとって徳目と見える。しかし、そのようなものであっても、「情念」は「情念」であり、それらのものが自己追求的・自己実現的に求められる場合があることをエラスムスはきちんと見抜いている。このあたりのことは、ルターも coram Deo と coram hominibus とを区別し、きちんと捉えている。ただルターの場合は、人間の善（coram hominibus）は神の前においてはすべて自己追求の結果であって、宗教的には罪であり、道徳的な善と悪と宗教的な「罪」と「義」は決して重なり合わない。ここには道徳的善と宗教的善が重なり合う可能性を否定しないエラスムスと決して交わらない深い溝がある。すなわち、エラスムスにおいては道徳的な善と悪、宗教的な「善」と「罪」との双方が現実の生活の中では重なりつつも、その両者の間にある区分が、神を求める天的な思いによるものか、自己を求めるこの世的なものかによって明確に見分けられているのである。

いずれにしても、先に述べたエラスムスの理解に立つとき、我々は、創世記二章のアダムとエバの物語が、単に人間の罪の起源の物語、あるいは人間の「原罪」を示す堕落の物語としてではなく、我々の罪の現実を描き出す物語として機能し始めることに気づく。すなわち、人間は、神の命じるところに従わず、「善悪を知る木」から実を取って食べたのであるが、それは、自らの知性的判断によって、自分にとって「好ましい」と思われる行為である。そしてそれは、自らが「好ましい」と思うものである限り自己追求的・自己実現的行為である。その結果、人間はたしかに善と悪とをわきまえた。当然それは、自己にとっての「好ましい」善と悪である。だとすれば、その「自己」にとって「好ましい」と思われる善と悪との判断もまた、自己追求的な善と悪である。そのような善と悪との判断は、仮にそれが道徳的あるいは倫理的な善と悪とのわきまえとはなっても、それは神が与えた「神の像」が欲する天的なものを求めて生きる行為ではなく、この世的なものを求める行為なのであって、それが、宗教的には「罪」と呼ばれる事態なのである。そしてそれこそが、自己の知性的判断によって、自己追求的に道徳的、あるいは倫理的に生きる人間の「罪」に支配された現実の姿なのである。

こうしてみると、キリスト教における「罪（ἁμαρτία 及び חטאה）」は、人間が、神が人を創造された際に与えて下さったあるべき本性としての神の像と、神の像が形成する神の似像から逸脱した状態である。つまり、罪とは人間の内に何か物質のようにして存在する名詞的なものではなく、また人間が主体となる動詞的行いでもなく、人間が本来あるべき姿を見失ってしまった状態を表す形容詞的事態なのである。したがって、「罪」はその本質においては、単に宗教的戒律を破るとか、人と人の間に不文律的にある道徳を犯すとか、あるいは法律を守らないといったことではない。もちろん、「罪」は、宗教的戒律を犯すとか、不文律的にある道徳を犯すとか、法律を守らないといった具体的な行為における悪（רשע）も含む。なぜならば、これらは人間が「罪」の状態にあることによって引き起こされる人間の五感で観察し得る行為だからある。そして、その行為を深く観察するとき、そこには「情念」と「理性」の問題を見出すことができる。そしてそれを、キリスト教の信仰的視点から捉え叙述するならば、その問題はこれらの現象の根幹にある「罪」が引き起こす問題なのである。

この五感を通して認識される悪の根幹にある「罪」という言葉に対峙する言葉は「悔い改め」である。この「悔い改め」という言葉の原語であるギリシャ語は、μετάνοια である。この μετάνοια は、「方向を変える」「向き直る」という意味を持つ。そして、「罪（ἁμαρτία）」と「悔い改め（μετάνοια）」は、一対の概念として互いに呼応しあう。このように、神の創造の業として与えられた人間の本性である神の像から逸脱し、本来あるべき神の似像を見失って自己追求的に生きていることが、「罪」という状態であって、そして「罪」の状態から、神の似像たらざる生き方をしている者が、神に向き直り、神の似像を形成する歩みに方向を変えることが「悔い改め」なのである。

このように、神の創造の業である人間が疎外された状態に置かれている。では、誰がこのような状態に人間を置いたのでろうか。この問いに対して、山口希生の発言は注目すべきものである。山口は、聖書においてパウロが「罪（ἁμαρτία）」を二つの違うニュアンスでも用いていると言う。一つは人間が行為主体として犯す罪であり、もう一方は、人間の主体性を奪い、人間を「罪」の奴隷とする宇宙的な「力」としての罪であるという。そして、このようなパウロの「罪」の用法における二つのニュアンスは、パウロ研究者の間では、もはや常識となっているというのである。[7]

つまり、「罪」とは、神の創造の業として与えられた人間の本性である神の像から逸脱し、神の似像を見失い、神の創造の業が疎外されている状態であると同時に、その状態に人間を留め置く力として働いているものなのである。

この二つの罪の関係は極めて密接である。つまり、「情念」と「理性」の支配関係が逆転した状況である人間の内的な罪、すなわち「内側」の罪は、人間の外側から働きかけてくる外側の罪によって触発され喚起されるからである。

このあたりのことを、人間の罪を「情念」と「理性」との在り方で捉えたエラスムスは実に見事に表現している。[8]エラスムスは人間の悪の中でも、特に特殊な悪として七つの悪徳をあげる。その七つの特殊な悪徳とは、好色、貪欲、名誉心、心の高ぶり、横柄、怒り、復讐欲である。七つとしたのは、おそらくカトリック教会の七つの大罪を意識したものであろう。そして、これら七つの悪徳を特殊な悪徳として区別したのは、まさにこれらの七つの悪徳が、外側の刺激によって情動として人間の心の「情念」を激しく燃え立たせ、「理性」によって抑えきれないものとするからであり、ここには、外側の力が内側の罪を誘発するという構造がある。

我々が生きるこの「世」は、「神のいない世界」である。我々はその世界の影響を受けながら思考し生きている。そして、その外側の世界は、我々を様々に誘惑する。それは、富や性や名誉心への誘惑であったり、他者に対する怒りとして表れ、人間の「情念」を激しく揺さぶる。それだけではない。そのような「情念」は、その人自身の「理性」を支配し抑圧するだけでなく、新たな「外側にある罪」となって他者をも抑圧し支配しつつ、外側の罪となって我々を悩ませ苦しめる。それが我々の心の中にあるあのエラスムスの言う好色や名誉心、怒りや復讐欲などの七つの悪徳を触発することで「内側にある罪」を喚起し、「罪」の連鎖を生み出していくのである。その典型的なものが復讐の連鎖であり、たとえばそれは、テロという現代社会において我々がもっとも根深く、深い痛みとして経験していることがらである。

第四節　原罪を巡る救済史における歴史観の問題

「原罪」は、先にも述べたように、アウグスティヌス以降の西方教会の伝統において、その人間観に重要な影響を与えている概念である。しかし、先にも述べたように、この西方教会の伝統では自明である「原罪」は、東方教会の伝統においては、ほとんど関心が持たれていない。そもそも人間が罪を犯す現実、すなわち人間が罪びとであるということの存在論的根拠となる「原罪」という概念自体、東方教会の伝統には無縁なものなのである。むしろ、西方教会の伝統における原罪論の形成を決定づけたアウグスティヌスの「原罪論」が、ローマの信徒への手紙五章一二節の誤訳に基づくものであるとして否定的に見ている。(9) このような「原罪」に対する姿勢の違いは、東方教会の伝統と西方教会の伝統の間にある問題意識の違いから来るといってよいだろう。すなわち、「原罪」を積極的に主張する西方教会の伝統は、人間が罪を犯す現実を主として問題にするのに対し、東方教会にとっての人間の問題の本質は、人間が死ぬべき運命にあるという現実にある。それは、単に肉体的な死ということだけにとどまらず、神との関係において死んでいるということをも含んでいる。

この西方教会の伝統にある「原罪」をどのように理解するかについては、いくつかの解釈がある。代表的なものとしては、アウグスティヌスに見られる創世記三章におけるアダムの罪ゆえに、アダムの子孫は、そのアダムの罪をあたかも遺伝するように連鎖的に受け継いでいるというものであり、別の解釈によれば、アダムは全人類という集合体の代表人格として罪を犯したので、すべての人は罪を犯したのだという理解などがある。これらは、人間がアダムの罪を負った堕落した状態にあると捉え、そこから神の救いの業を捉える。そしてこのような救いの理解の下で、やがて来る終末において神の創造の「見よ、それは極めて良かった」と言われる状態に回復するというシンメトリーな歴史観をもって救済史を見る。

このようなシンメトリーな歴史観に対してプロセス神学の立場や、あるいはモルトマンなどは、歴史を創造の初めから終末における創造の完成に向かう漸進的歴史観で捉える。(10) つまり、神の創造の業は創世記一章から三章までで閉じられているのではなく、終末に向かって開かれているというのである。このような歴史観の背後には、創世記一章から三章までの創造は完全なものではなく、むしろ創世記一章から三章の創造は、むしろ未完成な状態からの出発であって創造の完成に向かって開かれた歴史であるという視座がある。

このような歴史観は、「情念」と「理性」と関係の中に人間の罪性を中心として見てきた思索の歴史と人間という存在の自然的な成長の在り方から考えると、それなりの妥当性をもって我々に迫ってくる。というのも、人間の在り方の中でもっとも「情念」に支配されているのは、赤ん坊の時代だからである。徐々に成長していく中で、「情念」を抑制することを学び、身に付けていく。このような発達経路を考えるとき、仮に我々が、人が生まれるということの背後に神の創造の業を見るのであれば、人間そのものが完全に向かって成長していくプロセスを表している。もちろん、赤ん坊は赤ん坊であっても完全な人間である。そこには神の像を持った赤ん坊という人間が存在している。しかしその神の像は、神の似像としてはいまだ完成されていない未完のものであって、完全な神の似像を形成するには成長の過程を必要とし、未来に向かって開かれているのである。この未来に開かれた成長のプロセスを見据えているからこそ、古代ギリシャ・ローマ世界においては、哲学や修辞学が発展したのである。

このように、神の創造の業も、未完から完成への方向性をもってなされていると捉えるならば、もはや神の救いの歴史は、創造—堕罪—終末における回復というシンメトリーな歴史観をもって描くことはできなくなる。そうすると、即座に創世記一章三一節の「神はお造りになったすべてのものを御覧になった。見よ、それは極めて良かった」という言葉との関係が問われることになる。すなわち、聖書は、神の創造の業は六日目の人間の創造をもって、「極めて良かった」という完成を示す言葉で語られているではないかと問われるのである。

この問いに向き合うとき、我々は有限な存在の人間の時間軸と、「無限」で「永遠」という属性を持った神の時間軸の問題を考えざるを得ない。

一般に、神は「永遠」であり、「無限」であり、そして「全知」であると考えられる。その神に対して人間は「有限」である。この「有限」な人間の言葉をもって、神はご自身を開示される。ここに啓示の神言性と人言性の問題がある。すなわち、神は「永遠」であり、神の時間軸は「永遠の今」である。また、神はこの神の時間軸のゆえに「全知」である。その神が啓示の言葉として創造の出来事を人間に開示する。その際、「永遠」で「無限」の神の時間軸においては、ほんの一瞬の出来事であり、完結している出来事であっても、「有限」な人間の言葉を通して語られる時、神の「永遠の今」は、人間の時間軸において、過去—現在—未来の時制によって語られてしまう。また、語らざるを得ない。なぜならば、言葉を駆使する人間は「有限」な存在だからである。つまり、神の目が、永遠の時間軸の中で見た歴史が、人間の時間軸で語られているのである。

この神の時間軸ということに対し、ジョン・ポーキングホーンは別の視点から、神の「全知」と「全能」ということに対する非常に大きな示唆を与える。ポーキングホーンは物理学者でありつつ、英国国教会の司祭でありかつ神学者である。そのポーキングホーンは物理学者の側面から、時間は生成されるものであり、神もまたその生成される時間の中で働かれると捉える。このような、ポーキングホーンの見方は、彼自身が認めるように、非時間化された神の時間軸とは異なる。すなわち神は歴史をその始まりから完成に至るまで見渡せる「全知」なお方であり、それに基づいてすべての事柄を「予知」し「予定される」という神学的立場をとらず、あくまでも我々人間が意識する時間軸の枠の中で神の御業を捉えようとする。

ポーキングホーンにおいても、たしかに神は「永遠」であり、「無限」である。そして神は「全知」である。しかし、「今」という時間は、絶えず「今」が生成される。それゆえに、神はこれから起こる出来事を知るわけではない。それはまさに、これから生成され起こることだからである。しかし、神は、その生成された時間の中で、明確な創造の完成というゴールをビジョンとして持ち、繰り返される「今」において神のなすべきことをもって歴史を神の創造の完成に向かって推し進める。それゆえに神は歴史の進むべき先を知り、歴史の結末を知っておられる。その意味において神は「予知」し「予定される」。そして、その歴史の結末に向かう「今」に起こりくる出来事に対して神の全知は、「今、ここで」のなすべき最善を知っておられる。それゆえに神は全知なのだ。[11] それに対して人間は「有限」である。この「有限」は、時間的な有限であると共に、「知」においても有限である。だから、人間にとっては「今」生成される時間において起こる出来事は、確実な未来に結び付かない。というのも、歴史の進むべき先も、またその結末も知らないし、その出来事に対するなすべき最善をも知らないからである。

その人間に対して、神の創造のビジョンと、歴史の進むべき先とその結末を、神は有限な人間の言葉をもって開示されている。またなすべき事柄が人間によって成し遂げられるために委ねるのである。啓示の持つ神言性と人言性の問題がここに生じる。

確認しよう。神は「永遠」であり、創造の業における神の時間軸は、明確なゴールに向かって繰り返される「永遠の今」である。だからこの「永遠の今」は、神の創造の完成に向かって「今」の時を「未来」へと切り開いていく。まさに神は歴史を導く神なのだ。そして、形成される神の歴史は、創造の業における神の時間軸においては必ず完成するものなのである。それゆえに、神の創造の業は「極めて良かった」と言い得る。

繰り返しになるが、たしかに神は、この「無限」で「永遠」の神の時間軸の中で未来に向かって「全知」である。その神の「全知」は、「今、ここで」生成している時間の中において起こる事態の中で、向かうべき未来に対し何をすべきかを知っておられる。あるいは、この生成する時間の中でなされる人間が行った行為の結末が何をもたらすかも知っておられるのである。その意味で、神は全知である。その神が、啓示の言葉として有限な人間の言葉を用いつつ、創造の出来事を人間に開示するのである。それゆえに、創造の完成という確実な未来は、神の時間軸の中で繰り返される永遠の「今」

という時で繰り返される「今」の事柄として語られ、かつ過去の言葉として受け継がれる。こうして、「永遠」で「無限」の神の時間軸においては、創造の業は実現が確実な出来事であり、それゆえにすでに完結している出来事なのである。ここには「かつてと今」および「すでにといまだ」の緊張関係がある。

もちろん、先に述べたように、伝統的に理解されてきた時間をも超越する神は、歴史に起こるすべての出来事をあらかじめ知っておられるという意味での「全知」という理解もあるであろう。そうすると、人間にとって未来は決定論的であり、すべての現実は変更不可な宿命論的な事柄に陥ってしまう。このことは十分に考慮されなければならないが、いずれにせよ、最終的に歴史の結末がどこに向かうか神はご存じなのである。そういった意味で、神の時間軸における歴史の結末はかならず現在の可能性を含みつつ決定的な「ある」結末へと向かっている。そして神の歴史においては、「すでにといまだ」の緊張関係にある事柄であっても、またそれが「有限」な人間の時間軸で、過去—現在—未来といった制約された時制によって語られざるを得ないのである。このように、人間の時間軸を超越する神の時間軸に立つにしろ、生成される時間の中で、必ず完成される終末的未来を見据えた神の創造の業における時間軸に立つにしろ、それがひとたび「極めて良かった」と人間の言葉で語られた以上、我々が感じる人間の時間軸においては過去の出来事として時間的制約を受ける。しかしその過去は、未来を先取った過去である。同時に過去の出来事は、現在にも生起している出来事なのである。そしてそのような神の時間軸と人間の時間軸の差異が、未完成の完成という人間の視点においては、矛盾した緊張関係を生み出す。創世記一章から三章までの歴史が終末に向かって開かれているという歴史観は、このような生成されていく歴史の中での「永遠」であり「無限」であるという神の時間軸を意識した歴史観でもあるのだ。

しかし、それでもなお、この開かれた歴史観にはクリアしなければならない問題が残る。というのも、人間は、神によって未完成の完成として創造され、完成に向かっているとするならば、その過程における「罪（ἁμαρτία）」という状態もまた、神の創造の業の中にあるとも言えるからである。それは、「罪」という状態もまた、神が創造の業の内にあることを意味する。

我々が、この問題に向き合うには、二つのことに注意する必要がある。一つは、「罪」と「悪」とは厳密に分けて考えなければならないということであり、もう一つは、「一般化された人間」と「個」としての私の間に起こる問題である。

そこで、「罪」と悪との峻別の問題である。そこで仮に「罪」と「悪」とが同じものであると仮定しよう。そうすると、「罪」という状態が神によって創造されたのであるならば、神が悪を創造されたことになる。もしそうであるならば、神は「義」ではなくなるのではないかという問いが起こる。たしかに「罪」は「悪」と結びつきやすい性質を持っている。また、「悪」は「罪」によって具体的に表れる。だから、「罪」と「悪」は同一視されやすい。だが、それらは明確に区別されるべきである。というのも、これは先にも述べたエラスムスが指摘することであるが、「罪」の状態である「理性」と「情念」の支配関係が倒錯した状態にあっても、人間は道徳的な「善」を行いうるからである。

たとえば、名誉欲から引き起こされたものであっても、慈善行動は善であり悪ではない。限りない自己愛から、自分の家族を大切にして愛することもある。このように、人間が「罪」の状態から、（道徳的な）善も悪も生み出されるのであって、善も悪も人間の意思決定の結果である。

また、先に述べたように、「罪」は神の創造の業が疎外された状態であり事態である。それが、人間をその状態あるいは事態に留め置こうとする宇宙的な力である。同時に、人間においては「理性」と「情念」との支配関係が逆転し倒錯した状態として現れる。このような「理性」と「情念」の倒錯した状態が、最も顕著に表れているのが、先に述べたとおり赤ん坊である。しかし赤ん坊の「情念」と「理性」の倒錯は、親にとっては悪というよりも、むしろ世話をする喜びともなり得るものである。またその赤ん坊が人として霊肉ともに成長していく姿も、親にとっては喜びである。[12]当然、その成長過程においては「情念」と「理性」の倒錯は必ずしも完全に解決しているわけではないが、人として成熟していく姿の瞬間瞬間において、その倒錯した姿は「悪」ではなく「善」であって、むしろ喜びとなる。

このように、「罪」と悪との関係は、罪が「理性」と「情念」の支配関係が錯綜した状態であるというところから説明される限りにおいては、「罪」即悪とはなりえない。また、「悪」の起源は神にはない。それは人間の「罪」が生み出すものなのである。だから問題は、いまだ完成されていない未完の者として完成に向かって進んでいくべき存在である人間に対して、この倒錯した状態によって、宇宙的な罪の力が完成に向かうべき人間の成長を未完のままにいつまでもとどめて置こうとする力として我々に働くという点にある。つまり、「罪」が、本来、開かれた未来に向かって歩くはずの人間を、いつまでも「罪」という状態に留め置こうとする力、「罪」が「罪」の力として、人間の外側から働くことが問題なのである。そしてここに、死の問題が絡んでくる。というのも、死は人間の時間を有限にするからである。その有限な時間が、神の永遠という時間軸において開かれた未来に向かって歩もうとする人間の歩みを強制的に終わらせるのである。

この死のもたらす強制的な断絶は、神の創造の業における「創造論的人間」と「個」としての私の間に緊張関係を生み出す。神の創造が、終末に向かって開かれているとき、人間という存在を一般化した「創造論的人間」において、神が創造の際に与えた神の像に基づき、「完全な神の似像」の完成に向かって、人間の歴史もまた開かれていると言える。このような人間の捉え方は、創造論的人間観と呼べるようなものである。その創造論的人間観における「創造論的人間」は、神の創造の業の完成という歴史の中にあるのである。しかし、そのように「創造論的人間」が神の創造の歴史の中にあるとしても、現実の「個」としての人間である私の歩みは、死によって強制的に終わらせられるのであって、死という現実がある限り、神の創造の業を通して「一般化された」人間本性である神の像と、「個」としての私の目指すべき神の似像は断絶しており、決して連続性を持つことはできない。

このことは、「個」としての私の神の像は、神の似姿を完成することはできないことを意味している。なぜならば、人間本性である目指すべき神の似像と断絶した私にとって、もはや目指すべきものは神の似像ではなく、自分自身を神として自己追求し自己実現を目指す私という神の似像だからである。だとすれば、「罪」の問題は、「罪」が死と結びつくことによって、神の創造の完成に向かう開かれた歴史を閉ざしてしまうところにある。つまり死によって、人間の連続する一日一日によって紡がれるこの「世」の歴史を断絶させ、神の創造の業から我々人間を疎外するのである。このようにして見ると、救いの問題は、単に罪びとである私として犯した罪に対する「赦し」に収まるものではなくなる。むしろ、罪と死からの解放、有限な命から永遠の命への転換こそが、救いの問題となるのである。それは、結果として、我々人間を神の創造の歴史へと回復させることなのである。

第五節　死という苦悩

東方教会の伝統における人間観において、人間が死すべき運命にあるという現実は大きな問題として捉えられている。それゆえに、東方教会の伝統における救済論を考える際には、人間の死という問題は避けて通ることはできない。著者は以前、脳死肝移植手術のための支援活動に関わったことがある。そこでは、現実の脳死の問題があり、医学的な問題としての「人はいつ死ぬのか」についての問題がある。医学的な問題に対して、宗教者がのこのこと顔を出して何かを述べることはできないが、宗教が歴史的に死という問題を取り扱ってきた以上、宗教的な意味で「死とは何か」が問われている。

「死とは何か」。医学は「人間がいかなる状態になったら死と言えるのか」を問う。しかし神学は、「死とは人間にとっていかなる意味を持つのか」を問う。その死についてパウロは、「罪が支払う報酬は死です」(ロマ六・二三)と定義している。この言葉は、「死とは何か」という問いに対する神学的価値付けである。このパウロの神学的価値付けは、罪が死という結果を招くということを明らかにし、死の持つ否定的な価値を明らかにする。しかしなお、「死とは何か」については、何も語っていない。

このパウロの死に対する神学的価値付けに先行し、その土台となっていると思われるのは、創世記二章一五—一七節である。そこにはこうある。

主なる神は人を連れて来て、エデンの園に住まわせ、人がそこを耕し、守るようにされた。主なる神は人に命じて言われた。

「園のすべての木から取って食べなさい。ただし、善悪の知識の木からは、決して食べてはならない。食べると必ず死んでしまう」。

この創世記の箇所とパウロのローマの信徒への手紙の箇所をもって、人間の「罪」に対する神の裁き、すなわち刑罰として捉える見方がある。しかし、そのような「罪」と死の関係で、この創世記の記事を捉えることに否定的な見方も少なくない。たとえば、C・ヴェスターマンや月本昭男は、死を罪に対する刑罰ではなく、むしろ、神との関係が絶たれてしまうという関係性の破壊が死の持つ本質であるとみている。そしてこの神と人との関係性の喪失は、人の命の源である神との断絶であり、それによって、肉体における死という結果につながっているとみている。また、W・ブルッゲマンも、この創世記二章一五—一七節の箇所で問われているものは、人間の死の問題ではなく、むしろ神との関係においていかに生きるかという人間の生の問題なのであると言う。[13] つまり、この人間の生は、神が許可された範囲の中において自由に生き、神が禁止されたことは行わないという神の命に従うこと、すなわち神の言葉に聞き従うことが神と人間の関係における生なのである。神の言葉に従わないときには、神と人との関係における人間の生は決定的に損なわれ断絶する。

　このように、「死とは何か」という問いに対して、創世記は、死とは神と人との交わりの断絶であるということを示している。では、パウロはどうか。パウロの「罪が支払う報酬は死です」という言葉はどう捉えるべきであろうか。この言葉は、ギリシャ語では τὰ γὰρ ὀψώνια τῆς ἁμαρτίας θάνατος となっており、主語は「報酬（ὀψώνια）」であり、述語は「死（θάνατος）」である。問題は、主語の「報酬」を修飾する「罪（ἁμαρτία）」が ἁμαρτίας と属格になっており、この属格が主格属格なのか、対格属格なのかである。「罪に対する（神の）報酬が死」なのか、「罪が支払う報酬が死」なのかの問題である。「罪が支払う報酬は死です」という訳は、罪が主格属格であり、罪が主語として死という報酬を支払う。ここでは、死が述語となっている。しかし、我々はこの言葉を、「罪」を犯した我々人間が死という報酬を受けると読み替える。主語を「（報酬を支払う）罪」から、我々という人間一般に、さらには自分自身に置き換え、私が犯した罪に対して支払われる神の裁きという報酬が死であると理解するのである。しかし、この箇所の主語はあくまでも「（報酬を支払う）罪」である。[14]

　これについて、前出の山口希生は非常に興味深い発言をする。山口はローマの信徒への手紙八章三節においてパウロが言わんとしていることを、次のように述べる。すなわち、「神がイエスに（全人類の身代わりとして）有罪判決を下したと言っているのではなく、『罪』に有罪判決を下したと言っているのである」[15]と言うのである。そして「十字架で有罪判決をされたのは、イエスでも人類そのものでもなく、『罪』そのものだということである」[16]とも言う。つまり山口は、パウロは、「罪」を人間の主体的行為とみなすのではなく、「罪」と人間をいったん切り離し、先に述べたように「罪」は、人間を「罪」の状態に留めておく力として働きかけるものであると見ているというのである。だとすれば、イエス・キリストの十字架の死は、人間を「情念」によって「理性」を支配させ、肉の欲望に従って生きさせようとする罪の力を、十字架の上で死に至るまで従順であられたことで、その罪の力を無力化させたことになる。

　このようなパウロの罪理解の下で先の「罪が支払う報酬は死です」（ロマ六・二三）という言葉を見るとき、「罪」が人間に対してもたらした報酬は、人に命を吹き込まれた命の根源である神との交わりの断絶を表している。それゆえに、この神との断絶は命との断絶をも意味する。それは、まさに私たち人間が「罪と死との法則」（ロマ八・二）によって絡めとられ、開かれた神の創造の業と神の似像を形成する歴史的プロセスから疎外され、「罪」の状態に留め置かれ、死すべき運命に置かれている現実を示している。この死によって「永遠」と断絶させられた有限な生の中で、神の似像を形成することを求めるのではなく、自らが善しとする幸福を求めて生きるところに、支配や抑圧、格差や差別、そして貧困や病といった様々な人間の生における苦悩が生み出されてくる。それは、まさにパウロがコリントの信徒への手紙一で「死のとげは罪である」（一コリ一五・五六）と述べている事態であり、死という現実があるからこそ、人はその限られた生を刹那的に、自らが欲するところを実現しようとして自己追求的に生きるのである。そしてそこに「罪」という事態が入り込むのである。このように、我々人間は「罪」と「死」とが結び付いて相互に働くところの「罪と死との法則」の下に置かれている。

そこで、先に述べたエラスムスの罪理解がもたらす創世記二章のアダムとエバの物語を思い出してほしい。そこには、神の言葉に従って生きるべき人間が、自らを由《よし》とするところによって善と悪とが定められ、自己の知性的判断によって、自己追求的、道徳的、あるいは倫理的に生きる人間の「罪」の支配の下にある現実の姿が物語られていたではないか。それは人間の、人間による、人間のための自由な生き方である。そのように「罪」が死と相互に働いて、神の創造の業を疎外し、人間をして、自らを由とな, しめ、人間の創造の完成へ向かう歩みを強制的に断絶させるものである以上、死は神の前において「悪」であり、人間にとって苦悩である。

ところが、ときおり、あるいはしばしば、死は極めて甘美な香りを我々に放つ。それは、罪に支配されたこの「世」という現実が極めて厳しく、苦痛と悲しみ、そして苦悩に満ちているからである。その現実からの逃避として、死は甘美な香りを我々に漂わす。

しかし、神は我々人間に「生きよ」と言っておられる。創世記二章七節の「主なる神は、土（アダマ）の塵で人（アダム）を形づくり、その鼻に命の息を吹き入れられた。人はこうして生きる者となった」という言葉は、神から我々人間への「生きよ」というメッセージである。そして、人間は神によって生きる者として造られた存在である。そして神の似姿を完成する使命を負っている。そして、どんなにつらくとも神を信じ、神を求めて生きる者を神は決して見捨てず見放すことをしない（申三一・八、ヘブ一三・五）。これは聖書で一貫している神の約束である。だから、苦悩と悲しみの中で感じる死の甘美な香りは、「罪」からの我々への誘惑であり、罠である。

注

（1）ここはいわゆる西方教会の伝統が従来捉えてきたパウロ、西方教会の伝統の下で解釈されてきたパウロを示している。E・P・サンダース以降の新しいパウロ理解、いわゆるNPPとは異なる。

（2）アウグスティヌス『告白録』キリスト教古典叢書、宮谷宣史訳、教文館、二〇一二年、六四頁を参照。

（3）アウグスティヌス、同書、六四頁、七〇頁、一〇六頁などを参照。

（4）五二九年。この公会議において、アウグスティヌスの原罪論はカトリック教会の公式な見解となり、同時に予定論は退けられる。オランジュ公会議の記録については、H・デンツィンガー／A・シェーンメッツァー『カトリック教会文書資料集　信経および信仰と道徳に関する定義集』A・ジンマーマン監修、浜寛五郎訳、エンデルレ書店、一九九六年、八七―九三頁を参照。特に原罪については八八頁。

（5）一五節の原語は ἵνα πᾶς ὁ πιστεύων ἐν αὐτῷ ἔχῃ ζωὴν αἰώνιον（彼を信じるすべての者が永遠の命を持つため）となっている。ここでは、御子を信じるすべての者は、「個」たる私の集合体としての「すべての者」であるから、その基本にあるのは、「個」たる私である。

(6) ここで「完全ではない」と言うのは、我々人間の判断はしばしば「御霊の導き」によるのではなく個人の思いや願いに左右されるからである。それは、たとえば教会でものごとを決定する時に現れる。キリスト者が「御霊に導かれる」ことに完全であるならば、教会でものごとを決する時、意見が分かれることはありえない。なぜなら一つの御霊に導かれているからである。しかし、現実には意見が分かれる場面がしばしばある。それは、キリスト者の判断が必ずしも完全に御霊に導かれたものではないことを意味している。

(7) 山口希生「パウロの『贖罪論』をめぐる欧米新約学界の動向」『福音と世界』(特集 聖書と贖罪) 二〇一六年一〇月号、新教出版社、一九頁参照。

(8) エラスムス「エンキリディオン」『宗教改革著作集2 エラスムス』金子晴勇訳、教文館、一九八九年、一五六―一八〇頁を参照。

(9) ルター派に属する鈴木浩は、この箇所を誤訳であると認めつつも、その文脈の前後関係から、原罪論の典拠としての正当性を主張している。鈴木によれば、この箇所は、キリストとアダムの対比であり、それゆえに、この箇所はアダムの罪によってすべての人は罪を犯したという意味に理解すべきであると言う。このあたりの問題は釈義の事柄であるが、誤訳でも内容的には正しいという鈴木の主張には若干無理があるように思われる。というのも、この箇所は罪の起源というよりも、死という現実がいかにしてもたらされたかを述べている内容だからである。なお、鈴木の主張は、彼が、米国ルーサー・ノースウェスタン神学校(現・ルーサー神学校)に提出した博士論文 *The Doctrine of the sin: its Historical essentials and Doctrinal essence* にまとめられている。この論文は、日本においてはルーテル学院大学図書館の洋書 233. 14, su9 に収められている。

(10) ユルゲン・モルトマン『科学と知恵――自然科学と神学の対話』蓮見和男・蓮見幸恵訳、新教出版社、二〇〇七年、五二頁以降の「開かれたシステムとしての創造」を参照。

(11) ジョン・ポーキングホーン『科学時代の知と信』稲垣久和・濱崎雅孝訳、岩波書店、一九九九年、九五―一〇一頁を参照。そこには、宇宙は生成されるものとして、その生成される宇宙と同時性をもって神が存在するならば、神は未来に起こることを知ることがないと述べられている。つまり、繰り返される宇宙の生成と共に時間も生成されるのであって、神はその生成される時間の中で未来を知ることがないのである。

（12）このような「霊肉ともに成長」という表現をするとき、心身に障害を持った人や発達障害を持った子どものことが排除されているような印象を与え誤解を与えるかもしれない。しかし、誤解を与えないためにも特に注記しておきたいが、著者には、そのような意図はない。人は、心身の障害や発達における障害があろうと、その人の尊厳は大切にされるべきであり、その障害やそれに伴うことが人間が本来あるべき姿から逸脱した罪となるのではない。むしろそのことで、障害を持っている本人やその親に苦悩を与えるものがあるとするならば、それこそが、本人やその親に苦悩と感じさせる外側の価値観や物の見方によって引き起こされるものであり、それこそがまさに「外側にある罪」である。そしてそのような「外側にある罪」は、障害を持つ本人やその親を取り巻く環境としてある社会に生きる者たちの「理性」が、「理性」として成熟していないという、健全さを損なっている状態であると言えよう。

（13）W・ブルッグマン『現代聖書注解　創世記』向井考史訳、日本基督教団出版局、一九九八年、八六―九三頁を参照。

（14）この箇所の原語 τὰ γὰρ ὀψώνια τῆς ἁμαρτίας θάνατος は直訳すると「罪の賃金は死」となる。本文でも述べたが、τῆς ἁμαρτίας は属格であり、これが主格属格か対格属格かで意味が変わってくる。主格的属格であるならば、罪（という主体）が支払う賃金となるが、対格的属格と考えると罪に対する賃金となる。ここでは、前者の主格的属格として捉えた。それは、この τὰ γὰρ ὀψώνια τῆς ἁμαρτίας θάνατος に続く言葉が τὸ δὲ χάρισμα τοῦ θεοῦ ζωὴ（神の恵みは永遠の命）であり、この部分は主格的属格で訳すのが適当であり（対格的属格で訳すと神に対する恵みは永遠の命となる）、少なくとも聖書においては恵みを与えるのは神であるから対格的属格で訳すのは適切ではない。したがって、τὸ δὲ χάρισμα τοῦ θεοῦ ζωὴ との関連性から考えると、τὰ γὰρ ὀψώνια τῆς ἁμαρτίας θάνατος も主格的属格で訳し、「罪（という主体）が支払う賃金は死である」と理解する方が適切であると考えられる。
(15) 山口希生、同書、一九頁。
(16) 山口希生、同右。

第二章　救済論の問題

第一節　救いの定式化

先にも述べたが、著者の属する教団においては、「いつ」「どこで」「どの聖句の約束の下で」救いの確信を得たかを重視する。これはこれで、自分自身の宗教経験を一般化し確認することで、自己のキリスト者としてのアイデンティティを確立するには有益である。救いの経験が定式にきちんと収まることで普遍化され、その救いの経験が揺るがない不動のものとなるからである。しかし、同時に、このように秩序立てられ定式化されたフォームは、この定式化されたフォームに収まらない者を排除してしまう危険性がある。しかし、そもそもキリスト教における救いは、果たしてこのように定式化され得るものなのであろうか。

この神の救いの業を最も先鋭的に定式化し、論理的な秩序に従って配列したものに、オルド・サルティス（ordo salutis）と呼ばれるものがある。このオルド・サルティスは、各教派間で違いがあり、そこに各教派の救いに関する微妙な理解の違いが表れている。次にあげる一覧は、ルター主義、カルヴァン主義、ウェスレアン・アルミニウス主義のオルド・サルティスである（小林和夫『キリスト教の確かさ』日本ホーリネス教団出版局、一九八六年、七八―八〇頁より）。

	ルター主義[1]	カルヴァン主義[2]	ウェスレアン・アルミニウス主義[3]
1	聖霊の御業	有効召命	福音的召命
2	キリストを信じる信仰	再生	先行的恩寵
3	義認	信仰と悔い改め	悔い改め
4	福音の召し	義認	救いの信仰
5	照明	子とすること	回心
6	新生	聖化	義認
7	神秘的合一	聖徒の堅認	新生
8	聖化	キリストとの結合	子とされること
9	―	栄化	全的聖化
10	―	―	栄化

この三つを見比べるといずれも、救いは神の招きという神の側からの働きかけ（聖霊の御業、有効

召命、福音的召命と先行的恩寵）から始まっている。この意味で、ルター主義、カルヴァン主義、ウェスレアン・アルミニウス主義のいずれであっても、救いは神の恵みによるものである。この神の招きの直後に「キリストを信じる信仰」を置くルター主義は、そこに、いかにもルター主義らしさが表れているし、有効召命の直後に再生を置き、そこから信仰と悔い改めに繋げていくカルヴァン主義も、予定説を中心に救いを考えるまさにカルヴァン主義らしい捉え方である。また、福音的召命と先行的恩寵の後に悔い改めを持ってくるウェスレアン・アルミニウス主義は、人間の側の信仰への主体的決断を促すウェスレアン・アルミニアンらしい理解であると言えよう。

このように、神の召しという神の側の働きかけに対する人間の側に起こる事象や応答に、それぞれの救いの理解が表れている。しかし、着目すべきことは、神の御業としての招きに対する人間の応答が、いずれも信仰として捉えられていることであり、その信仰を受けて義認という救いの業が起こると捉えている点である。つまり、いずれの教派的背景においても、救いが信仰義認論で捉えられている。こうしてみると、まさにプロテスタンティズムの中心、すなわち宗教改革の中心は、まぎれもなく信仰義認論にあると言えよう。

信仰義認論において重要なのはまさに信仰である。では、この信仰とは、いったい何を指しているのだろうか。それによって、人間の側における救いの業の始まりがどこにあるかが決まってくる。

宗教改革的義認論は、宗教改革の中心であり、それはルターに始まる。ルターにおける信仰とは、イエス・キリストの十字架の死が私たちの罪を贖うために十全なものであるということを信頼し、この十字架によってなされた償いに、自分の罪の赦しをゆだねることである。そして、イエス・キリストの十字架の死は、私の罪を、現在、過去、未来にわたって完全に赦す神の業として、十字架の出来事に、自分の救いの確かさの根拠を置くのである。つまり、信仰義認論における「個」たる私を救うプロテスタント的な信仰とは、神が人間の罪をあがなうためにその独り子であるイエス・キリストを十字架で死なせることで、人の罪の問題に解決をもたらしてくださったという出来事を信じ、信頼することなのである。問題は、そのようなイエス・キリストの十字架の死だけに救いにおける信頼を置いてよいのかである。むしろ、我々は十字架のみではなく、復活の出来事に我々の救いの根拠を置く信仰が求められているのではないだろうか。たしかにパウロは、ローマの信徒への手紙一〇章九節で「口でイエスは主であると公に言い表し、心で神がイエスを死者の中から復活させられたと信じるなら、あなたは救われるからです」と述べているではないか。しかし、そのことについては、あえてここでは触れない。それは、これから述べていく中で明らかになるからである。

いずれにせよ、現在のプロテスタンティズムにおいては、このようなイエス・キリストの十字架の死に対する信仰は、おおむね共通していると理解してよいと思われる。それは、中世のカトリック教会が言うところの信仰とは異なっている。というのも中世のカトリック教会における信仰は、教会が教えてきた「教え」を承認し受容することであり、信仰は客観的で静的な存在である。つまり、カトリック教会の教えを受け継いできた信仰を受け入れることで信仰が私のものとして得られるのである。カトリック教会での信仰とは対照的に、プロテスタントにおける信仰は、きわめて主観的であり受動的ではあるが、動的な人間の心の在り方である。

イエス・キリストの十字架の死という出来事こそが、罪びとである私たちの罪を赦すための救済の行為であったと信じ、それに寄りすがることこそ信仰であるという信仰理解は、イエス・キリストの十字架の死のみに救いの根拠を置く救済観を生み出した。このような信仰理解と救済観の結びつきから出てくる救いの出来事こそが、信じることで義とされるという「義認」という事態なのである。この信じることによって義とされて救われるという救済論、すなわち「信仰義認論」が宗教改革的義認論である。この宗教改革的義認論における義は、「神の義」である。それは、イエス・キリストの十字架の死を信じる信仰によって人間に付与される「神の正しさ」であり「神の正義」である。いわば、宗教改革における「信仰義認論」は、罪びとの私が、それにもかかわらず、信仰によって神の前で正しい者、すなわち「神の義」にふさわしい者であると認められることであると言えよう。あるいは、イエス・キリストの十字架のみに、私の「救い」の確かさがある。そしてその「救い」の確かさに信頼を寄せる信仰が、神によって「神の義」にふさわしいと認められると言うこともできる。いずれにせよ、神の救いの業における神の働きに対する人間の側の応答は、「個」である私の「悔い改め」と信仰に始まるのであって、その救いの業は信仰によって基礎づけられている。

しかし、我々はここで少し立ち止まって考え、そして思い出したい。それは先ほど挙げた出エジプト記である。出エジプト記の救いの構造は次のようになっている。

1　エジプトでイスラエルの民の苦難（一章）
2　イスラエルをエジプトから救い出すモーセの選び（二・一―二二）
3　イスラエルの民の苦役のゆえのうめき、叫びと神の顧み（二・二三―二五）
4　モーセの召命と派遣（三、四章）
5　モーセとエジプトの王ファラオとの対決（五―一〇章）
6　過越（一一章―一二・三〇）
7　救いの出来事として解放（一二・三一―五一）

ここで、この出エジプトの救いの業を、右の順序に従いながらあらすじを追ってみよう。まずイスラエルの民のエジプトの王ファラオによって支配され、抑圧された状況がある。それに対して神が救いの業を担うモーセを選び、イスラエルの民のうめきと叫びが最高潮に達したとき、神がイスラエルの民を顧み、彼らを救おうとされるのである。そして、救いの業を担う存在としてあらかじめ選んでいたモーセを召し出し、救いの担い手としてモーセをエジプトに送る。そして、モーセはファラオにイスラエルの民を解放するように迫り、まずは九つの奇跡をおこなう。これらの奇跡はファラオの心をゆり動かすが、結果的には失敗に終わる。そして最後の過越であるが、この過越の出来事によってファラオはイスラエルの民を解放するのである。

もちろん、このストーリーの中心は過越である。神は、ファラオの心があまりにもかたくななので、エジプトに生まれた初子を、人間であれ、家畜であれ、獣であれ、すべて撃って殺されるという最後の奇跡をおこなわれるのであるが、その際、イスラエルの民には、それぞれの家々に小羊を一頭、犠牲として屠り、その小羊の血を門のところに塗ることで、すべての初子が打たれ殺されるという悲劇が、イスラエルの民の家を過越していくというのが、過越の出来事である。

この屠られる小羊は、犠牲のための小羊（出一二・二一）であり、イエス・キリストの十字架を彷彿とさせるものである。また、そのような視点に立ってみると、このすべての初子が撃たれ殺されるという神の御業は、神の罪に対する裁きとしての罰のように捉えられるような出来事であり、一見すると、罪の裁きとそれに対する赦しという構造の予表のように思われる。しかし、実際には、過越の血は罪のためにささげる犠牲の献げ物ではなく、死の遣いが過越すためのものである。そもそも、この出エジプトの物語において、イスラエルの民の罪については何一つ言及されず、問われていない。

だとすると、このすべての初子が死の遣いによって撃たれるという出来事と門に塗られた小羊の血が、神の裁きとそれに対する神の赦しの予表と捉えることの是非が問われなければならない。それについては、後にイエス・キリストの十字架の死の意味が明らかにされることで判断されると思うが、当面の問題はそこではない。問題は、この救いの業が、エジプトで苦しんでいたイスラエルの民の信仰によって起こったのではなく、神とアブラハム、イサク、ヤコブの契約のゆえに起こったということにある。言うまでもないが、このアブラハム、イサク、ヤコブとの契約、とりわけこの契約の礎であるアブラハムと神との契約は、「アブラハムの信仰」によるところのものである。つまり、救いが、我々を義とするものであったとして、その救いの根拠は、我々の信仰にあるのではなく、それに先行するある特定の人物の信仰に基づいて結ばれた神と人との契約にあることになる。

仮に、この出エジプト記の物語における構造が、新約聖書のイエス・キリストの救いの物語につながるとするならば、少なくともオルド・サルティスに代表されるような救いの定式化は必ずしも「絶対的」なものとは言えないようである。だとすれば、当然のことながら私の信仰に基礎を置き、そこの「罪の赦し」に対する確信を見出し、信仰義認論に立つプロテスタンティズムにおける「罪の赦し」という救いの経験もまた、「絶対的」なものではない。むしろ、私の信仰が義認という事態をもたらすのではなく、イエス・キリストと神との間の契約が救いをもたらす。我々とそのイエス・キリストの契約はイエス・キリストとのつながりであり関係なのであるが、その関係性がいかなるものかに問題を置くべきである。もちろん、そのためには旧約聖書の出エジプト記の救いの構造が、新約聖書の救いの構造と重なり合うことが明らかにされなければならない。そこで、次節において、まず旧約聖書における契約と信仰および新約聖書における契約と信仰の関係を対比的に見ていき、聖書が物語る救いの構造を捉えることにする。

第二節　旧約聖書における「契約」の基となるアブラハムの信仰

さて、出エジプト記におけるイスラエルの民の解放の物語が、アブラハム、イサク、ヤコブとの間に結ばれた契約のゆえであり、その基礎は「アブラハムの信仰」にあるとするならば、その「アブラハムの信仰」とはどのようなものだったのだろうか。

アブラハムの名が、聖書に実質的に最初に出てくるのは、創世記一二章[4]である。そこには、こうある。

主はアブラムに言われた。
あなたは生まれ故郷
父の家を離れて
わたしが示す地に行きなさい。
わたしはあなたを大いなる国民にし
あなたを祝福し、あなたの名を高める
祝福の源となるように。
あなたを祝福する人をわたしは祝福し
あなたを呪う者をわたしは呪う。
地上の氏族はすべて
あなたによって祝福に入る。

（創一二・一―三）

これは、アブラハムがアブラムと名乗っていた時代に、神がアブラムに接触した最初の出来事である。このとき、アブラムはハランに住んでいた。もともとはカルデアのウルに住んでいたのだが、父のテラとカナンの地を目指して旅立つ。その旅の途中で、父テラがハランの地に住み着いたからである。そのアブラムに神は声をかけられるのだが、なぜ神がアブラムを選ばれたかその理由は明らかにされていない。ただ聖書は、「主はアブラムに言われた」（創一二・一）とだけ記すのである。

この神の言葉にアブラムは応答する。そして、神の言葉に従って、ハランの地から旅だち、カナンの地にたどり着く。カナンにたどり着いたアブラムに神は、「あなたの子孫にこの土地を与える」（創一二・七）と約束をするのである。これが、後のアブラハムと神との契約の基礎となる出来事であるが、ここには犯した罪の赦しを求める「悔い改め」はない。仮にここでアブラムの信仰を見るとしたならば、それは神の言葉に従うという「従順」である。もちろん、この従順の背後に神の言葉に対する信頼を読み取ることができるかもしれない。しかしそれは、あくまでも「読み取ることができるかもしれない」という可能性であり断定はできない。それはあくまでも読み込みからくるものであって、蓋然性は高いが確実なことではない。人間は、信頼はしていないが、イチかバチかの大勝負と言って従うということだってある。聖書は、神の言葉を聞いた際の心の動きを知らせる言葉は一切記していない。すぐにアブラムがいで立ったのか、しばらく考え込んでいで立ったのか、それすらも書いていない。ただ聖書は、「アブラムは、主の言葉に従って旅立った」（創一二・四）とだけ告げるのであり、「あなたの子孫にこの土地を与えます」という約束を得て、主のために「祭壇を築いた」（創一二・七）

という事実だけを淡々と告げるのである。

この創世記一二章の出来事が、後の一七章における神とアブラハムの契約の基礎となるのであるが、その一七章における契約は次のようなものである。

アブラムが九九歳になったとき、主はアブラムに現れて言われた。

「わたしは全能の神である。あなたはわたしに従って歩み、全き者となりなさい。わたしは、あなたとの間にわたしの契約を立て、あなたをますます増やすであろう」。アブラムはひれ伏した。神は更に、語りかけて言われた。

「これがあなたと結ぶわたしの契約である。あなたは多くの国民の父となる。あなたは、もはやアブラムではなく、アブラハムと名乗りなさい。あなたを多くの国民の父とするからである。わたしは、あなたをますます繁栄させ、諸国民の父とする。王となる者たちがあなたから出るであろう。

わたしは、あなたとの間に、また後に続く子孫との間に契約を立て、それを永遠の契約とする。そして、あなたとあなたの子孫の神となる。わたしは、あなたが滞在しているこのカナンのすべての土地を、あなたとその子孫に、永久の所有地として与える。わたしは彼らの神となる」。

（創一七・一―八）

この神とアブラハムの約束は一二章の神の約束を踏襲したものであるが、一七章においては、「あなたはわたしに従って歩み、全き者となりなさい」という事柄が、神からアブラムに求められている。この「全き者」というのは、神に従うことにおいて「全き者」ということであり、「全き者」という言葉は「あなたはわたしに従って歩み」という言葉の述語であり、「全き」とは神の前での歩みにおける完全さである。この完全さは、神の言葉に従うことにおける完全さである。というのもアブラハムが二二章一節から一四節までのイサクを献げようとする出来事の直後に、神の御使いを通して語られた神の誓約が次のようなものだからである。

御使いは言った。

「わたしは自らにかけて誓う、と主は言われる。あなたがこの事を行い、自分の独り子である息子すら惜しまなかったので、あなたを豊かに祝福し、あなたの子孫を天の星のように、海辺の砂のように増やそう。あなたの子孫は敵の城門を勝ち取る。地上の諸国民はすべて、あなたの子孫によって祝福を得る。あなたがわたしの声に聞き従ったからである」。（創二二・一五―一六）

この神の誓約は、神自らが約束の履行の義務を負う先のアブラハムとの約束をより堅固な完全な契約へと格上げするのであるが、その根拠が、アブラハムが神の言葉に従ったからだというのである。神とアブラハム及びその子孫との関係を築く契約の根底にあるものは、神の言葉に従うという生の在り方であり、この生の在り方こそが「アブラハムの信仰」なのである。アブラムは、この一七章における神との契約を機に名前を変える。この名前の変更は神によるものであり、これによってアブラム（高貴な者）は、アブラハム（神の皇太子）と名付けられるのである。それはまさに、神と人とが結ばれる契約によって人が神の子とされた出来事である。しかし、先に一二章と同様、ここにも犯した罪の「悔い改め」も「罪の赦し」も語られていない。ただ神の言葉に従う「信仰」が求められているだけである。

ところで、この神が賛辞を与えたアブラハムの行動とは「自分の独り子である息子すら惜しまなかった」（創二二・一六）ということであり、この行動は、神がイエス・キリストを惜しまずに十字架の死に至らせた行為に通じる。さらには、神に対して十字架の死に至るまで従順であったイエス・キリストともつながるものであり、旧約聖書の結実である。つまり、アブラハムのイサクを献げようとする出来事で見せた神の言葉に従うという行動は、神の精神の像と非類似性が全くない精神に支えられたものである。それは、イエス・キリストの生涯に見られる神の像の表れと同じものであって、「わたしに従って歩み、全き者となりなさい」（口語訳では「わたしの前に歩み、全き者であれ」）と言われる生き方である。こうしてみると、この創世記一七章で言われる「全き者」というのは、我々人間において、創造の際に与えられた神の像が、神の精神の像と非類似性をもたない完全な神の似像となることであると言えよう。この「全き者」としての生き方に招かれることによって、アブラム（高貴な人）はアブラハム（神の皇太子）となったのであり、「アブラハムの信仰」の中心は神に従うということである。

このアブラハムの「信仰」の結実が、出エジプトの出来事として実を結び、その結果として十戒を柱にするシナイ契約に繋がっていく。(6) ここで忘れてはならないのは、モーセによってもたらされたシナイ契約は、イスラエルの民がエジプトから解放されるという救いの出来事のため結ばれた契約ではないということである。むしろそれは、アブラハムの契約に基づきエジプトから解放され救い出された後の民に対して結ばれた契約である。この点は留意しておく必要がある。すでに述べたように、アブラハムの契約は、アブラハムが「全き者」となることへの招きがある。そのアブラハムの契約に基づいてエジプトから導いだされたイスラエルの民は、アブラハムの契約に基づく神の民である。それゆえに、神の民は神の民として「全き者」となることが求められている。それは、神の民として神の言葉に従順に従う神の民となるということであり、神の民は神の言葉に従順でなければならない。十戒を中心とするシナイ契約は、そのためにイスラエルの民を導くものなのである。

このシナイ契約の中心であり柱となっている十戒は、モーセによってもたらされたものであるが、すでによく知られているように命令形で書かれているのではない。それは、神の救いの出来事を顧みるとき、神の民が神の民として神の心に沿って生きていくならば、おのずとこのような生き方になるのだということを端的に示したものであり、特に後半は、「情念」に支配されず「理性」によって生きる神の似像としての具体的な歩みが記されている。それは、人間が人間本性を形成することへの招きである。つまり、シナイ契約は、エジプトからの解放という神の救いの業を経験したイスラエルの民が、その恵みに答えて、神の創造の業を完成する歩み、すなわち神の似像を形成する歩みを導くための教育的な内容をもっている。

第三節　新約聖書における「契約」の基となる信仰

新約聖書は、その名のごとく、イエス・キリストによってもたらされた新しい契約が記された書であるが、旧約聖書におけるアブラハム契約のように、具体的に神が誰とどのような内容の契約をしたかについて、明瞭なかたちで記されていない。ただ、イエス・キリスト御自身は、最後の晩餐と言われる過越の食事の際に「皆、この杯から飲みなさい。これは、罪が赦されるように、多くの人のために流されるわたしの血、契約の血である」（マタ二六・二七―二八）と述べている。ここで言う「多くの人のために流されるわたしの血、契約の血」というのは、一見するとイエス・キリストの十字架の死を主題化し、それを指し示しているように思われる。

しかし、イエス・キリストがここで強調し主題としていることは「わたしの契約」である。そして、その「わたしの契約」は「多くの人のため」のものであり、「多くの人」の「罪が赦される」ための契約なのだというのである。そしてその罪の赦しは「永遠の命」をもたらすものなのである。この契約の主体者は、神とイエス・キリストである。というのも、このイエス・キリストの契約の血を基にした契約の背後には、出エジプト記二四章三節から八節にあるモーセによってイスラエルの民にもたらされたシナイ契約があると考えられるからである。だとすれば、「この契約の血」はイエス・キリストの死を中心に考えるべきではない。そもそも、旧約聖書において血は命を表わすものであって、死を表すものではないからである。むしろ、イエス・キリストの命が我々にもたらされるために注がれ、そこに神とイエス・キリストの間に契約が結ばれるのである。

ところで、イエス・キリストが「この杯から飲みなさい。これは、罪が赦されるように、多くの人のために流されるわたしの血、契約の血である」と言われたのは過越の食事の席である。過越の食事は、その食事自体がイスラエルの民がエジプトの苦役から解放された出来事を物語り、思い起こさせる。そのただ中で「これは、罪が赦されるように、多くの人のために流されるわたしの血、契約の血である」と言うのである。この言葉が、それを聞くイスラエル人に何を思い起こさせるかは想像に難くない。特に「契約の血」という言葉は、シナイ契約における「モーセは血を取り、民に振りかけて言った。『見よ、これは主がこれらの言葉に基づいてあなたたちと結ばれた契約の血である』」（出二四・八）という言葉を想起させるものである。このモーセによってもたらされたシナイ契約は、再び神の民としてカナンの地で生きるイスラエルの民との間で結ばれた契約である。この時、契約の主体者は神とモーセであるが、そのモーセは、イスラエルの民を代表する集合人格としてのモーセである。したがってモーセはその民の代表者として神と契約を結び、かつ契約の仲保者となっている。だからこそ、「これは、罪が赦されるように、多くの人のために流されるわたしの血、契約の血である」と言われる「契約」において、ヘブライ人への手紙は、イエス・キリストを「契約の保証」[7]であり「契約の仲介者」[8]であると言うのである。

しかし同時に、このイエス・キリストの契約の血による「契約」は、神とイエス・キリストの契約でもある。なぜならば、このモーセを仲介者として結ばれた契約は、具体的な「契約の書」[9]に従い「わたしたちは主が語られたことをすべて行い、守ります」（出二四・七）というイスラエルの民の宣言をもって結ばれた契約だからである。この「わたしたちは主が仰せられたことはみな、従順に従います」という誓いは、誓われはするがしばしば守られない。その守られない従順を完成したのが十字架の死に至るまで神に従順に従われたイエス・キリストである。つまり、モーセを仲介にして結ばれた契約が、イエス・キリストにおいて完全に履行されたのであり、その意味で未完の契約が、イエス・キリストによって完結した契約として結び直されたと言えよう。それゆえに、イエス・キリストは律法を成就した契約の完成者であり（マタ五・一七）、完全な神の似像なのである。

このように、イエス・キリストによってもたらされた「契約」において、イエス・キリストは、「罪の赦し」という「契約」の果実を多くの人にもたらした「仲保者」である。それと同時に「契約」それ自体においては、完全に神に従い生きることにおいて「契約」の当事者なのであり、神との「契約」の主体者なのである。このような「契約」の当事者と契約の受益者が異なるという構造は、アブラハム、イサク、ヤコブと神との契約が、エジプトからの解放という出来事をもたらした旧約聖書の出エジプト記の構造と同じである。

この「契約」は、アブラハム契約とシナイ契約を下敷きにし、それらを土台としている。だから旧約聖書の契約は新約聖書の「契約」と密接に結びついている。それは、イエス・キリストの「わたしが来たのは律法や預言者を廃止するためだ、と思ってはならない。廃止するためではなく、完成するためである」（マタ五・一七）という言葉に端的に表されている。このように、イエス・キリストによってもたらされた新しい「契約」は、旧約における契約を完成（成就）させるために、神とイエス・キリストとの間に結ばれた「契約」であると言える。

従来のプロテスタンティズムの理解は、新約聖書において、旧約聖書における契約とイエス・キリストによる新しい「契約」とを、しばしば「律法」と「信仰」という対立的構造の中で対比させる。そして、その傾向をパウロに顕著に見て取る。しかしこれは歴史上のパウロというよりも、むしろルターの理解するパウロに見られる傾向である。実際、この傾向は、E・P・サンダース以降、とりわけ近年においてはN・T・ライトなどによって批判され議論となっているところであるから、もはやプロテスタンティズム全体の共通理解と言うことはできない。しかし、概して言うならば多くのプロテスタント諸派は、歴史的にはそのような捉え方をしてきた。それゆえに、とりあえずその是非は置いておいて、ここでは、従来のプロテスタントはそのように捉えて理解してきたというところから、話を進めていく。そうすると、前出の「律法」と「信仰」との対比は、たとえばローマの信徒への手紙やガラテヤの信徒への手紙に見ることができる。そこで言われていることは、要するに「律法による義か、信仰による義か」という問題なのである。

この問題は、このイエス・キリストと神との間にある契約は何によって基礎づけられているのかということであり、信仰義認論と深く関わる。すなわちπίστις Ἰησοῦ Χριστοῦ（ロマ三・二二あるいはガラ二・一六）の問題である。このギリシャ語のπίστις Ἰησοῦ Χριστοῦは、直訳すれば「イエス・キリストの信仰」となる。この「イエス・キリストの信仰」は、Ἰησοῦ Χριστοῦを主格属格によって訳すか対格属格によって訳すかによって意味が違ってくる。前者だとすると「キリストの（信じる）信仰」となり、後者だと「キリストを信じる信仰」となる。この場合、前者の「キリストの（信じる）信仰」は、「キリストの（神に対する）忠実さ」というニュアンスを持っており、それゆえに「キリストの信実」と訳されることもある。そこで、この箇所を現在の日本語訳聖書の主だったもので比較すると次のようになる。最初にローマの信徒への手紙三章二二節を見てみよう。

【口語訳】
それは、イエス・キリストを信じる信仰による神の義であって、すべて信じる人に与えられるものである。そこにはなんらの差別もない。

【新共同訳】
すなわち、イエス・キリストを信じることにより、信じる者すべてに与えられる神の義です。そこには何の差別もありません。

【聖書協会共同訳】
神の義は、イエス・キリストの真実によって、信じる者すべてに現されたのです。そこには何の差別もありません。

【新改訳】
すなわち、イエス・キリストを信じる信仰による神の義であって、それはすべての信じる人に与えられ、何の差別もありません。

【新改訳二〇一七】
すなわちイエス・キリストを信じることによって、信じるすべての人に与えられる神の義です。そこには差別はありません。

（傍点著者）

このように、日本語訳の主だったものの中で明らかに対格属格で訳しているのが口語訳聖書と新共同訳聖書、新改訳聖書および新改訳二〇一七である。ただし、新改訳二〇一七は欄外註において別訳として「イエス・キリストの真実によって」と訳せる旨を述べ、主格属格で訳しえる可能性を示している。これによって、若干主格属格での訳への歩み寄りを見せている。また新共同訳の「キリストを信じることにより」という訳は、どちらとも取れるような微妙な訳出である。というのも、「キリストを信じること」という表現にはキリストを信仰の対象とする対格的ニュアンスが強く現れるが、同時に、信仰の対象として信じるというよりも、キリストという存在の思想と行動、そして言葉を信じること、つまりキリストの人格と行動に対する信頼とも受け止めることができる。それはつまり、「キリストを信じること」に含まれる内容には、「キリストが信じる信仰」も含まれているというニュアンスにも受け止めることができる表現であることを意味している。この点において、欄外註を設けて主格属格の訳の可能性を示しつつも、対格属格で訳した新改訳二〇一七とは異なっている。

それに対して、聖書協会共同訳においてはπίστις Ἰησοῦ Χριστοῦを「イエス・キリストの真実」と訳し、完全に主格属格として捉えて訳している。もっとも、当初のパイロット版ではπίστιςを「信実」と訳していたものを最終的には「真実」に変更しており、「イエス・キリストの信仰」という理解からは大きく後退している。それでもなお、主格属格としたことは個人訳以外の協会訳では初めてのことであり、非常に大きな一歩を踏み出したと言えよう。

そこで、それぞれの翻訳の年代順を見ると、口語訳、新改訳、新共同訳、新改訳二〇一七、聖書協会共同訳の順で新しくなっている。近年になればなるほど、主格属格で受け取る傾向が強いと言える。翻訳者の立場を見ると、口語訳と新改訳、新改訳二〇一七はプロテスタント、新共同訳と聖書協会共同訳はプロテスタントとカトリックが共同作業で訳している。プロテスタント側で対格属格と訳す傾向があるのは、プロテスタントが信仰義認論という教理的な内容を中心に持つ集団であることを考えるとある程度うなずけるところがある。しかし、逆を言うならば、そのような教理的な内容から訳語が選択され決定されるとするならば、教理的・神学的な立場からの聖書の読み込みであり、それはそれで問題である。実際、プロテスタントという教理的な立場から離れ、聖書学という視点から「キリストの（信じる）信仰」と捉える傾向が強くなっている。[10] もちろん、聖書学者の中でも、E・ケーゼマンのように「キリストを信じる信仰」と理解する立場に立つ者もあり、[11] むしろどちらかと言えば、現状は依然として対格的属格を主張する方が多数派かもしれない。とりわけ福音派においてはその傾向が強い。しかし、現状はこの議論に結論は出ていない。では、ガラテヤの信徒への手紙二章一六節はどうなっているだろう。

【口語訳】
人の義とされるのは律法の行いによるのではなく、ただキリスト・イエスを信じる信仰によることを認めて、わたしたちもキリスト・イエスを信じたのである。それは、律法の行いによるのではなく、キリストを信じる信仰によって義とされるためである。なぜなら、律法の行いによっては、だれひとり義とされることがないからである。

【新共同訳】
けれども、人は律法の実行ではなく、ただイエス・キリストへの信仰によって義とされると知って、わたしたちもキリスト・イエスを信じました。これは、律法の実行ではなく、キリストへの信仰によって義としていただくためでした。なぜなら、律法の実行によっては、だれ一人として義とされないからです。

【聖書協会共同訳】

しかし、人が義とされるのは、律法の行いによるのではなく、ただイエス・キリストの真実によるのだということを知って、私たちもキリスト・イエスを信じました。これは、律法の行いによってではなく、キリストの真実によって義としていただくためです。なぜなら、律法の行いによっては、誰一人として義とされないからです。

【新改訳】

しかし、人は律法の行ないによっては義と認められず、ただキリスト・イエスを信じる信仰によって義と認められる、ということを知ったからこそ、私たちもキリスト・イエスを信じたのです。これは、律法の行ないによってではなく、キリストを信じる信仰によって義と認められるためです。なぜなら、律法の行ないによって義と認められる者は、ひとりもいないからです。

【新改訳二〇一七】

しかし、人は律法を行うことによってではなく、ただイエス・キリストを信じることによって義と認められると知って、私たちもキリスト・イエスを信じました。律法を行うことによってではなく、キリストを信じることによって義と認められるためです。というのは、肉なる者はだれも、律法を行うことによっては義と認められないからです。

当然のことだが、このガラテヤの信徒への手紙二章一六節とローマの信徒への手紙三章二二節の πίστεως Ἰησοῦ Χριστοῦ の訳の間にはほとんど違いはない。ただ、新改訳聖書が「キリストを信じる信仰」を「キリスト・イエスを信じることによって」と表現を変え、新共同訳が「キリストを信じること」を「キリストへの信仰」となっているぐらいであり、対格属格―主格属格の問題における違いはない。この新共同訳にみられる「キリストへの信仰」というのは、カトリック教会の中でもフランシスコ会訳やバルバロ訳に見られるものであり、[12]プロテスタント側においても青野太潮の訳[13]などにも見られる。またJ・D・G・ダンは、その私訳において「キリストを信じる信仰」という理解の下で「キリストへの信仰」と訳すが、ダンにおいては、この「キリストへの信仰」よって義と認められることは、人がキリストを信じることによって罪の赦しをもたらす義に至らせるものではない。それはむしろ「イエス・キリストの信仰」によってもたらされた新しい契約の民であることの徴としての義である。[14]いずれにせよ、新共同訳におけるローマの信徒への手紙三章二二節とガラテヤの信徒への手紙二章一六節の間の訳語の違いは、一見するとその理解が「キリストを信じる信仰」に一歩近づいたようにも見える。しかし先にも述べたように「キリストへの信仰」もキリストという存在に対する信仰であるから、そこには「キリストの（信じる）信仰」も含まれる。それは「キリストを信じる信仰」についても同じことが言える。つまり私がキリストを信じること、またキリストへの信仰を抱くことにおいて、「キリストを信じる信仰」は、その内に「キリストの（信じる）信仰」を包摂するのである。にもかかわらず、あえてこの不等式的関係において「キリストを信じる信仰」と「キリストの（信じる）信仰」という二つの訳において生じる違いを取り上げて問うのは、この二つの間にある主語の違いのゆえである。この主語の違いが、プロテスタンティズムの中心的教理である信仰義認論に本質的な違いをもたらす。ではその本質的な違いをもたらす主語の違いとは何か。それは、私が主語かキリストが主語かという違いである。そして、この主語の違いが、私の信仰であり、私の「キリストを信じる信仰」によって罪びとたる私が義とされるのか、それとも信仰は「キリストの信仰」であって、「キリストの信仰」によって私が義とされるのかという信仰義認論の本質に関わる違いをもたらすのである。

そこで、ここにおいて我々は、イエス・キリストが律法の成就者であるということに立ち帰って考えてみたい。というのも、ローマの信徒への手紙三章二二節を含む文脈において、パウロは律法と信仰を対比させながら、最終的に次のように述べているからである。

それでは、わたしたちは信仰によって、律法を無にするのか。決してそうではない。むしろ、律法を確立するのです。（ロマ三・三一）

パウロはこのように述べている。つまり、信仰は、律法の要求するところを完全に全うするというのである。すでに見てきたように、律法が私たちに要求するものは、神の民が神の民らしくあることであり、それは神の言葉に従順であるということである。さらにそれは、究極的には人間が本来の人間本性を完成させ、神の似像を形成することでもある。その律法の要求するところをこの「世」にあって完全に表したのが、イエス・キリストなのであり、だからこそイエス・キリストは、「わたしが来たのは律法や預言者を廃止するためだ、と思ってはならない。廃止するためではなく、完成するためである」（マタ五・一七）というのである。

このことは、すでに旧約聖書のアブラハム契約において表された神とアブラハムとの契約と、その契約に基づいていてアブラハムに繋がるその子孫が、出エジプトという救いの業に与ったあの構造に通じるものである。すなわち、神の前に全き者として神の言葉に従順であったアブラハムの義のゆえに、その子孫が神の祝福に与り、エジプトという奴隷の地から救い出され、彼らの祖国であり、神の祝福が約束されたカナンの地に連れ戻されるという救いの物語がイエス・キリストの新しい契約において結実しているのである。

このような神と人との契約関係から見ていくと、πίστεως Ἰησοῦ Χριστοῦ における信仰とは、人を義とするところのキリストの内にある信仰であり、それは「キリストの（信じる）信仰」である。つまり、罪びとである私を義とするものは私の信仰ではなく、「イエス・キリストの（信じる）信仰」

と考える方が妥当であろう。そして、その「イエス・キリストの（信じる）信仰」に基づく義認の構造は、次のようなものである。すなわち「イエス・キリストの（信じる）信仰」は十字架の死に至るまで従順であったイエス・キリストの生涯に表されている。その「イエス・キリストの（信じる）信仰」は神の義にかなう信仰であり、それゆえにイエス・キリストは義である。そして、そのイエス・キリストの義によって神の義が表される。だからこそ「イエス・キリストの（信じる）信仰」を信じ神の民とされた私は、その律法の成就者であり完成者である義なるイエス・キリストと繋がり、イエス・キリストと一つになることによって義とされるのである。このように考えるとき、プロテスタンティズムの中心的な教理である信仰義認論は、全く違った色彩を帯びてくる。それはもはや罪びととして一般化された私たちが中心でもなく、また犯した罪を自覚する罪びとであり「個」たる私でもなく、イエス・キリストが中心に置かれるものとなる。そして、私たちもしくは私が「信じる」信仰ではなく、イエス・キリストの（信じる）信仰に寄りすがることで「イエス・キリストの（信じる）信仰」と「繋がる」、あるいは「一つになる」ということが救いの根拠となるのである。

そこで、ここまでのことを取りまとめると、新約聖書が述べる新しい「契約」は、たしかに神の民に「罪の赦し」をもたらすものではあるが、それは十字架の死に至るまで従順に神に従うことで律法を成就し、完成した「イエス・キリストの信仰」に基礎づけられ、律法（シナイ契約）という旧約聖書における契約を完成（成就）するものとしてあると言うことができよう。このように見ると、「信仰」と「律法」は決して対立的に存在するものでない。

第四節　法的な位置関係と場所的な位置関係

イエス・キリストによってもたらされた新しい契約は、その契約に連なる多くの人に「罪の赦し」をもたらすものである。それは、イエス・キリストの言葉に基礎づけられるものであるがゆえに、キリスト教会にとって否定し難い事実である。

「罪の赦し」は、言葉としては理解できる。しかし、この「罪の赦し」とはいったいどのような内容を持っているのであろうか。そもそも、「罪（ἁμαρτία）」とは、人間の「理性」と「情念」が逆転し倒錯しているため神の創造の業から疎外されている状態であり、かつ人間をその「罪（ἁμαρτία）」の状態に繋ぎとめようとする力である。このことは、すでに本書の第二章第三節で確認してきたことである。このことを考えると、「罪の赦し」とは、この神の創造の業から疎外された状態から解放され、かつ罪に繋ぎとめようとする力から解放されて再び創造の完成に向かって生きる者とされることであるということができる。また、「罪が支払う報酬は死です」（ロマ六・二三）とするならば、「罪と死の法則」からの解放であると言うこともできよう。

実際、イエス・キリストの言う「罪の赦し」を、旧約聖書の出エジプトの出来事になぞらえた解放の出来事として捉えるのは、イエス・キリストが「皆、この杯から飲みなさい。これは、罪が赦されるよう［ἄφεσις には解放の意がある］に、多くの人のために流される血、わたしの契約の血です」（マ

タ二六・二七—二八）という言葉を、過越の食事の席で語られたということと見事に調和する。(15)

しかし、我々が「罪の赦し」と言うとき、圧倒的に、何かしら法を犯すとか道徳を破るといったことに対する法的な「赦し」をイメージする。というのも、教会の語る「罪の赦し」は、第一義的には私に対して下される「神の裁き」に対応し、その「神の裁き」を免じる「罪の赦し」として語られているからである。そしてその神の裁きは、「神の義」と結びついている。もっとも、ルターは、その「神の義」を「神の裁き」の基準ではなく、人間に与えられる「神の義」として捉えることで、そこに恵みの神を見出した。けれども、それでもなお「罪の赦し」には、その前提として「神の義」の前に神の正義を全うできない罪びとである人間という贖罪論的人間観が根強くある。そもそも、義認という言葉自体が法律用語からの転用である。それは、「罪の赦し」が、有罪・無罪という法的な位置関係で捉えられているからである。そこには、人間が神の創造の際には完全に造られていたものが、堕落によってもはや完全ではない罪びととなったという全的堕落により否定的・消極的人間理解と、創造—堕落—再創造というシンメトリーな歴史観がある。

しかし罪の支配からの解放を内容とする「救済」は、「罪の赦し」というような法的位置関係ではない。それは場所的な位置関係である。支配し抑圧され虐げられている場所から解放され、神の恵みが支配する場所へ移されることが「救済」の内容なのである。

考えてみてほしい。人間の罪の現実を物語る創世記三章の物語は、人間が楽園から追放されるという結末で終わっている。エデンの園という場所に住んでいたアダムとエバは、エデンの東にある地

（場所）に移り住むのである。また、アブラハムの物語は、創世記一二章のアブラハムが、神によってアブラハムと改名する前のアブラムという名の時に、神によって召し出された召命の出来事から始まる。このアブラムの召命は、アブラムをハランの地からカナンの地に導き入れるものであった。アブラムはその移り住んだカナンの地でアブラハムと改名し、アブラハム契約が結ばれる。その契約は、神からの祝福の約束と、カナンの地という場所を永久に所有の地として与えられるという約束であり、「全き者」としての生き方に召し出すものであった。もちろん、その「全き者」としての生は、カナンの地において営まれる。それが、創世記一七章の出来事である。

そして、モーセの出エジプトとシナイ契約である。この物語はエジプトの地で奴隷として暮らしていたイスラエルの民の解放の物語であるが、ただ解放するということだけが主題ではない。解放されたイスラエルの民は、エジプトの王の下で支配され抑圧されていたエジプトの地から、やはりカナンの地という場所へと導き入れられ、神の民として、神の言葉に従う生き方、すなわち神が王として支配する生き方へと導き入れられる物語でもあるのだ。

このように、旧約聖書の祝福と救いの物語は、神の民が神の民として生きていくということと同時に、密接に場所と関係して物語られている。福音書におけるイエス・キリストは「神の王国（βασιλεία τοῦ θεοῦ）」[16]を語り、人々を「神の王国」に招いているのである。

イエス・キリストが語り伝えた「神の王国」とは、神が王としてその恵みによって支配する領域であると研究者たちの間で言及されるようになって久しい。それと同時に、この神の恵みの支配する領域は、具体的な場所を指すものではなく、内面化され、精神化され、世俗化（私事化）されてしまっている。しかし、イエス・キリストの新しい契約は、アブラハム契約とシナイ契約を下敷きとし、かつ土台としている。だから、この二つの契約と、イエス・キリストのもたらした新しい契約との間に断絶はない。それゆえに、イエス・キリストが言う「罪の赦し」も具体的な場所に結びついているし、具体的な共同体の交わりの中の公共性をもつ生へと結びついている。

このことを、贖いと償いということを通して考えてみよう。贖いと償いは似た意味で用いられることも多い。しかし、キリスト教的に言うならば本質的な違いがある。償いには、罪を償うという法的なニュアンスがあり、またそこに弁償や賠償といった、犯した罪に対する補償行為が伴っている。では、イエス・キリストの赦しの業はどうであろうか。

イエス・キリストによる「救済」の業は贖い（λύτρον）の業である。[17] この贖いとは、債務を返済する、身代金を支払う、返還する、あるいは買い取るという意味であり、損害や毀損に対する弁償とか賠償（αποζημίωση）、あるいは身代わりとなる（αναπλήρωσης）という、いわゆる償い（εξιλέωση）ではない。

著者が神学校一年生の時、アメリカからJ・ハロルド・グリーンリーというギリシャ語の専門家が訪れ、一学期間だけ特別講義をおこなった。その最初の講義の冒頭で、グリーンリーが発した言葉は「みなさん、新約聖書の中には身代わりを意味する言葉は一つもありません」であった。その瞬間、教室内は凍りついたような空気が漂った。当然である。それまで私たちは、イエス・キリストの十字架の死は私たちの身代わりとなって罪を償うためであると教えられ、信仰を形成してきたからである。しかし、グリーンリーが言ったように新約聖書は一貫してイエス・キリストの「救い」を贖い（λύτρον）として表現するが、償い（ἐξιλέωση）とは言わない(18)。

もっとも、聖書の中には、キリストが我々の身代わりとなられたと思わるような箇所がないわけではない。新約聖書においては、コリントの信徒への手紙二、五章二一節、ペトロの手紙一、三章一八節、旧約聖書のイザヤ書五三章などである。実際、新改訳聖書ではこの新約聖書の二つの箇所を、それぞれ次のように訳している。

神は、罪を知らない方を、私たちの代わりに罪とされました。それは、私たちが、この方にあって、神の義となるためです。（新改訳、二コリ五・二一）

原文
τὸν μὴ γνόντα ἁμαρτίαν ὑπὲρ ἡμῶν ἁμαρτίαν ἐποίησεν, ἵνα ἡμεῖς γενώμεθα δικαιοσύνη θεοῦ ἐν αὐτῷ.（直訳「罪を知らない方を私たちのために罪とした」）

キリストも一度罪のために死なれました。正しい方が悪い人々の身代わりとなったのです。それは、肉においては死に渡され、霊においては生かされて、私たちを神のみもとに導くためでし

（新改訳、一ペテ三・一八）

た。

原文

ὅτι καὶ Χριστὸς ἅπαξ περὶ ἁμαρτιῶν ἔπαθεν, δίκαιος ὑπὲρ ἀδίκων, ἵνα ὑμᾶς προσαγάγῃ τῷ θεῷ, θανατωθεὶς μὲν σαρκὶ ζῳοποιηθεὶς δὲ πνεύματι·

（直訳「キリストは一度、罪に関してあらん限り苦しまれた。不義なる者たちの、、、ために義なる者が」）

この二箇所は、直接的には「身代わり」という概念を示す語があるわけではないが、新改訳聖書はイエス・キリストの死が我々人間の身代わりのためであるという理解を入れ込んでいる。これは一般的には「～のため」という意味を持つ ὑπέρ を「～の代わりに」の意味に取り、[19]読み替えている。問題は、その読み替えを可能とするほど明白に、身代わりのための死という内容が、この二つの聖書箇所を含む文脈にあるかどうかである。仮にその文脈が身代わりということを示す内容のものであれば、このように ὑπέρ を「～の代わりに」と読み替え、そこに身代わりという概念を入れたとしても、それはそれで妥当であるが……。

そこで、まずコリントの信徒への手紙二である。この箇所は主に五章一四節の後半部分から続くパウロのイエス・キリストの十字架の死についての考えが述べられている文脈にある。そのパウロの考えとは、ひとりの人がすべての人のために死んだ以上、すべての人が死んだのです。
また、キリストがすべての人のために死なれたのは、生きている人々が、もはや自分のために
ではなく、自分のために死んでよみがえった方のために生きるためなのです。

（新改訳、二コリ五・一四―一五）

というものである。ここにも「すべての人のために（ὑπὲρ πάντων ἀπέθανεν）」という ὑπέρ があるが、ここで言わんとしていることは、要はキリストの十字架の死によって、すべての人が神の前で罪に対して死んだのだということである。この死というのは、

だれでもキリストのうちにあるなら、その人は新しく造られた者です。古いものは過ぎ去って、
見よ、すべてが新しくなりました。

（新改訳、二コリ五・一七）

とあるところから、それまでの人間の在りよう、つまりこの「世」にあって人を支配していた生き方だということであり、「すべてが新しくなった」ということは、イエス・キリストにあって新しい生き方が始まったということである。なぜならば、現実にすべての人が生物学的な死、すなわち肉の命において死んでいる事実が存在していることは自明のことであって、ここで言う死が肉の命について

言っていないことは明らかである。またすべての人が、キリストに倣い、キリストの生き方をめざしているわけではない。むしろ多くの人は、キリストに敵対するこの「世」の在り方に従って生きている。したがって「すべての人が死んだ」ということは、それまでの人間の生き方を支配していた罪と死の法則に死に別れ、新しい生命の法則の下での生き方がすべての人に開かれているということである。それは、単に生き方だけの問題だけでなく、五章一節からの文脈とのつながりを考えると、死すべき肉の命から、天上の命、すなわち永遠の命に生きるという、終末論的な死と復活が見据えられていると考えられる。

もちろん、キリストが「すべての人のために死んだ」といっても、すべての人が「自分のために死んでよみがえった方（すなわちキリスト）のために生きる」わけではない。「だれでもキリストのうちにあるなら、その人は新しく造られた者です」と言われている以上、キリストに属するものが、この永遠の命をもって、新しい法則の下で生きるのである。これは、キリストによる「救済」の業がもたらす結果であるが、この文脈における「救済」の理解は「和解」である。「神は、キリストにあって、この世をご自分と和解させ、違反行為の責めを人々に負わせないで、和解のことばを私たちにゆだねられたのです」（新改訳、二コリ五・一九）と言われているからである。そして神と和解することが新しい命と生き方に創られるという事態を生み出すのであるから、この和解の福音を宣べ伝えなさいということが主題として語られている。つまり、救いを「赦し」という文脈で語るのではなく、「和解」という文脈で物語るのである。「和解」とは、具体的には争いの中で損なわれていた相手の立場を回復し、その権利を回復することで神と人との関係を回復し、いのちの源である神と人とを再び結ぶからである。しかもここでは、「神が、キリストによって、私たちをご自分に和解させ」たというのであるから、神の側が一方的に人の立場を回復させたのであって、まさに神の「贖い」が和解という形で言い表されている。

その文脈の中で、神が私たちの「ために」、キリストを罪としたというのであるが、先にも述べたようにパウロの罪理解に関する山口希生の興味深い論考（山口希生「パウロの『贖罪論』をめぐる欧米新約学界の動向」『福音と世界』二〇一六年一〇月号）では、現在のパウロ研究では、罪を「個人が犯す主体的な罪」と罪の支配の下に奴隷的に置こうとする「宇宙的な力」の二つのニュアンスがあり、前者を複数形、後者を単数形でパウロは表しているという。この山口の言葉に従うならば、この二一節の ὑπέρ（〜のために）は、単純に「私たちの罪」とは考えられなくなる。なぜなら、この箇所の罪（ἁμαρτίαν）は単数形だからである。そして、新改訳聖書が言う「神は、罪を知らない方を、私たちの代わりに（ὑπὲρ）罪（ἁμαρτίαν）とされました」（二コリ五・二一）ということは、私たちのため（ὑπὲρ）に、それまで私たちを支配していた「宇宙的な力」である罪（ἁμαρτία）にキリストがなられた、つまりキリストが私たちの支配者となられ、キリストに属する者を神に導くのであるという意味にも取れるのである。

では、ペトロの手紙一、三章一八節はどうであろうか。この箇所の文脈は解釈上極めて難しい内容を含むが、全体としては善き業に生きる際に受ける苦しみを見据えて、私たちの主も義なるお方であったにもかかわらず、不義なるもののために苦しみを受けたのであるから、その苦しみを乗り越えていくようにということを勧める文脈である。しかし、この当該箇所である「キリストも一度罪のために死なれました。正しい方が悪い人々の身代わりとなったのです」（新改訳、一ペト三・一八）は、前述のごとく、原語では ὅτι καὶ Χριστὸς ἅπαξ περὶ ἁμαρτιῶν ἔπαθεν, δίκαιος ὑπὲρ ἀδίκων であり、その直訳は「キリストは一度、諸々の罪に関してあらん限り苦しまれた。不義なる者たちのために、義なる者が」である。この不義なる者たちのために義なる者が苦しむ苦しみは「一度」のものであり、「諸々の罪に関して」のものである。したがってそれは、「十字架の死」である。その「十字架の死」が「罪に関して」、どのように関わるのかについてはこの文脈からは明らかではない。つまりそれが、私たちが救われるために、私たちの身代わりとなる罪の償いの行為としての苦しみなのか、不十分な従順に対して死に至るまでの従順さを示すことによって罪に勝利するための死の苦しみなのか、はたまた、ヘブライ人の手紙が見据えているただ一度の贖罪の日（ヨーム・キップール）の供え物としての死の苦しみなのかは、この文脈からは単純には読み取ることができない。ただ明らかなのは、義なるお方が不義なる者たちのために、罪に関して苦しまれたということであり、その苦しみが、人をキリストに倣う者へと導くということである。それは、キリスト者の中に神の似像が完成され、救いが完成されるための導きである。文脈が善き業に生きる上で受ける苦しみを見据えながら、キリストのようにその苦難を耐え忍びながら善き業に励むことを勧めていることを考えると、そのように考える方がより妥当である。しかし、いずれにせよ、この ὑπέρ（〜のために）を身代わりと理解するための明確な根拠が、この聖書箇所からは十分に引き出せない。

その上で、むしろ着目すべきことは、このペトロの手紙一、三章一八節を含む文脈は、神の前に正しい行動をする者が苦しめられるということである。それはキリストに敵対する者たちによって苦しめられるのであり、それがキリストの苦しみと対比されている。この対比において、キリストは「殺される」者である。だとすると、それに先行する句の「キリストは一度諸々の罪に関して苦しんだ」（私訳、一ペト三・一八）という「諸々の罪」は、イスラエルの民が、イエス・キリストを苦しめ十字架で殺したという具体的な罪を指している可能性が考えられる。仮にそうだとすると、そこには身代わりという意味はなく、むしろキリスト者に敵対する者の罪が、義なる行いをするキリスト者を苦しめるということとの対比としての罪とするなら文脈的にはつじつまが合う。

さらに興味深い点は、三章二一節で「救い」は「十字架の死」よりも「復活」にあるとされていることである。つまり、私たちの救いの根拠は「十字架の死」ではなく、「十字架の死」を通って「復活」にあると言うのである。そして三章二二節においてはキリストが支配者であることが述べられ、さらに四章一節においては、私たちの肉における苦しみ（好色、情欲、酔酒、遊興、宴会騒ぎ、忌むべき偶像礼拝といった霊と情念との葛藤がもたらす）、すなわち罪がもたらす苦しみから解放するということが述べられているのである。このことを考えると、むしろキリストの苦しみは、罪からの解放であり、キリストの支配の下に不義なるものを置くための苦しみと理解するほうが妥当のように思われる。勝利のキリストであり、そこに描かれているキリストの苦しみは、勝利者キリストが勝利を受けるための苦しみである。だからこそ、キリストの支配の下で、そのキリストの勝利が、肉の誘惑がもたらす苦しみを乗り越えていくことを求めるのである。

こうしてみると、コリントの信徒への手紙二、五章二一節においても、ペトロの手紙一、三章一八節においても、必ずしもキリストの十字架の死が私たちの罪の身代わりとなるためであると言っているわけではないようである。そうすると、この二つの箇所が、刑罰代償説の前提なしでもキリストの十字架の死が私たちの罪を償うための身代わりの死であると読み取れるとするには、いささか根拠が薄いと考えられるのである。

また、旧約聖書のイザヤ書五三章も身代わりによる代償を示す箇所として取り上げられる。この箇所は、たしかにキリストの受難を預言する箇所として受け止められる箇所であり、そのことにはまったく同意できる。そして、一見する限り、この箇所からキリストの代理的受難ということが引き出されるとの解釈もできないわけではない。五節に「彼が刺し貫かれたのは、わたしたちの背きの罪のためであり、彼が打ち砕かれたのは、わたしたちの咎のためであった。彼の受けた懲らしめによって、わたしたちに平和が与えられ、彼の受けた傷によって、わたしたちはいやされた」とあるからである。だから、「身代わり」と考えたい気持ちが分からないわけではない。

しかし、イザヤ書五三章は旧約聖書におさめられた神の言葉である。だから、この箇所は、あくまでも第一義的には旧約の民に向かって語られた言葉であって、この箇所を理解するためには、まずもって旧約の民の視座で理解されなければならない。それは、新約聖書の解釈から引き出された罪の身代わりとしての十字架の死という理解からこの箇所を読むのではなく、むしろそこで述べられている思想が、キリストにおいて結実しているものとして、キリストの十字架の死を受け止められなければならないということを意味している。

では、このイザヤ書五三章は旧約の民にどのように受け止められたのであろうか。著者は福音派の牧師である。だから、第一イザヤ、第二イザヤの主張も理解しており、それも視野には入れるが、しかし、それでもなおイザヤ書を分断して理解するのではなく、一貫性のある一つの書であるとして受け止め、この箇所を読み解いていきたいと思う。

そこでイザヤ書五三章で着目したいのは、この受難の僕が「さげすまれ、人々からのけ者にされ、悲しみの人で病を知っていた。人が顔をそむけるほどさげすまれ、私たちも彼を尊ばなかった」（新改訳、イザ五三・三）ということである。彼は、イスラエルの民のただ中におり、彼自身がさげすみや悲しみや病を負い、また疎外されるという苦しみを味わっている。そしてイザヤ書における「わたしたち」は、その「彼」の味わっている苦しみが、「彼は罰せられ、神に打たれ、苦しめられた」（新改訳、イザ五三・四）からだと理解していたのである。ここには罪の結果としての苦しみという因果応報的な思想が見られる。ところが、その「彼」の苦しみが、「わたしたち」の病であり、痛みであり、それは「わたしたち」の咎のためであったという理解に変化する。それは、具体的には、神の裁きに合い、異邦人の支配の下で奴隷になっている神の民イスラエルの苦しみである。つまり、「彼」の苦しむ姿は、もはや「彼」個人の罪の結果としての因果応報の苦しみではなく、また「わたしたち」の外にある苦しみでもなく、「わたしたち」が直面する苦しみであり、それゆえに私たちの内にあって、わたしたちと共に苦しむ、共苦としてのわたしたちの「ため」の苦しみであるという理解に変化していっているのである。

この場合「わたしたち」とはイスラエル民族全体であると考えてよいだろう。イザヤ書はイスラエル民族全体に及ぼされる神の裁きに対する言葉だからである。そして、実際に、イスラエルの民は神の怒りを受け裁かれるのである。それは、具体的にはバビロン捕囚となって現れ、イスラエルの民は異邦人の支配の下で捕囚の民となるのである。イザヤ書四〇章以下は、その裁きを受け、バビロン帝国の支配の下で捕囚の民となったイスラエルの民が回復されるという預言の文脈として語られている。つまり「彼」は、神の裁きとしての異邦人の支配の中で苦しむ「わたしたち」、イスラエルの民と共に苦しみ、そのイスラエルの民の苦しみの根源的理由である異邦人の支配から解放する存在として語られているのである。

このように、「彼」はイスラエルの民が異邦人の支配から解放されるために、病の苦しみを知り、蔑みを知り、懲らしめを受けるのであるが、その苦しみは、捕囚の民が捕囚の民として受ける「わたしたち」の苦しみである。つまり、「彼」一人が、神の裁きの苦しみを受けるのではなく、彼はイスラエルの捕囚の民と共に病を負い、イスラエルの捕囚の民と共に痛み、イスラエルの民と共に神からの懲らしめを受け苦しむのである。その中で、「彼」は「彼」の死をもってイスラエルの民を贖い、イスラエルの国を回復する存在である。つまり「彼」の苦しみは、他のイスラエルの民が神の裁きにあって苦しまないように、「彼」が身代わりとなって苦しむのではない。むしろ「彼」の苦しみは、捕囚という神の裁きのただ中にあって、神の民イスラエルを代表する集合人格として、共に苦しむという共苦なのだ。そして「彼」は、その死をもって神の民の苦しみを終わらせるのである。

そして、その「彼」の死は、まさに贖いの供え物としての死である。つまり「彼」は、償う者ではなく、贖う者であり、「彼」は神と人との間に立って「とりなし」をなし、聖なる神の民イスラエルの神の民の立場を回復し、かつその聖性を回復することで神の国を回復し神との平和をもたらす。たしかに「彼」はイスラエルの民の罪を負う。しかし、それは単に身代わりという性質の事柄ではない。「彼」は、神の前にイスラエルの民をとりなすために、「わたしたち」という共同体の中の一人として、その共同体を代表する集合人格として、神の民の共同体を担い、神の裁きを共に苦しむのである。だから「彼」と「わたしたち」は「一体」であり、「彼」の内に「わたしたち」があり、「わたしたち」の内に「彼」がある。だから「彼」の死は「わたしたち」の死であり「彼」が死ぬ時「わたしたち」も死ぬのである。

もちろん贖いには罪の赦しが伴う。だから「彼」の死がイスラエルの民に赦しをもたらすことは、否定しようがないし否定する必要もない。しかし、それは「彼」が身代わりとなって罪の償罪を成し遂げたからではない。「彼」が神との契約によってイスラエルのために与えられた贖いの供え物となり、血を流すことで神との契約を正しく履行し、神と神の民との間に立って「とりなし」をなしたからである。このように、イザヤ書五三章もまた、「償い」の「身代わり」というよりも、むしろイスラエルの民の神の民としての立場を回復する「贖い」という文脈で語られるべきであろうと思われる。そして、そのような贖う者としてイエス・キリストは預言されるのである。

こうしてみると、イザヤ書五三章がイエス・キリストを預言するものであるとするならば、その預言は、イエス・キリストが神の国を回復して神の支配をもたらす救い主であることを示す預言であると言えよう。そしてその預言の結実として、イエス・キリストは罪と死が支配するこの「世」に現れるのである。これに対して、新約聖書とりわけヘブライ人への手紙は、おそらくキリストを読者に想起させつつ、そのイエス・キリストの十字架の死を、年に一度大祭司によってイスラエルという神の民の共同体の罪をとりなし聖化するためになされる、贖罪の日（ヨーム・キップール）の贖いの供え物として提示する。

贖罪の日の贖いは、イスラエルの民が神との契約によって神の民とされているからこそ、その契約に基づき神の民という共同体に罪の赦しをもたらすものである。それは、一人一人が神の民に加えられるための赦しの業ではない。そう考えると、キリストの十字架の死が、贖罪の日の犠牲になぞらえられるとするならば、それは、神の民の共同体の贖いとして捉えられるものであり、神の民であるキリスト者一人一人は、その神の民の共同体に与えられる罪の赦しに与るのである。

こうして見ると、イエス・キリストの十字架の死は、我々人間の罪に対する裁きを我々の身代わりとなって負い、その罪のゆえに受ける神の裁きを受けて死んでくださったという刑罰の代償ではなく、我々すべての人に向けて、キリストの支配、すなわち「神の王国」の到来をもたらすものであるということができよう。そしてこの神の支配の下に身を投じるとき、その結果として、神の支配の下にある共同体に与えられている「罪の赦し」に与るのである。つまり、「罪の赦し」は救いの目的ではなく、救いの結果であり、実りなのである。

このように、贖いと償いは本質的に異なるものである。贖いはそれによって何かを自分の手元に取り戻す（あるいは買い戻す）が、償いは相手の損なわれた損失を埋め合わせるための行為であり、自分の手元には何も残らない。仮にイエス・キリストの十字架の死が我々に代わって償いの業をなすためのものであるとすれば、償いの行為の後に、償ったイエス・キリストの下には何も残らないことになる。しかし、イエス・キリストによる救いの業は、贖いの業である。それゆえに、この贖いの業によって、イエス・キリストは、神の民を、「罪（ἁμαρτία）」の力が支配するこの「世」から取り戻し、その人間本性を回復し、具体的に神の支配したもう神の王国へと連れ戻すのである。

こうして考えると、神の「救い」の業においては、何を信じるかということと同時に、どこに身を置くかということが重要なことが分かる。つまり、神の「救い」の業は、法的な位置概念ではなく、場所的な位置概念で捉えるべき問題なのである。

ただ誤解されると困るのだが、著者は「神の王国」の具体的な場所を強調するが、だからと言って決して、「神の王国」の内面化や精神化を全否定しているわけではない。というのも、すでに述べたように、イエス・キリストによってもたらされた新しい「契約」は、アブラハム契約とシナイ契約を下敷きとし、かつ土台としているからだ。だから当然、そこには神の像である人間本性が完成し、神の似姿を形成した「全き者」となることへの招きも、また神の言葉に従順に従って生きることへの招きも伴っている。そして、そのような生き方は、人間の内面が神の恵みに支配されていない限り、できないものである。その意味で、内面化された神の王国も否定すべきではない。

第五節　人間本性の回復と完成への道

神の救済の業は、神の国という神が支配したもう領域に我々を導き入れることにある。その意味で、「救い」とは場所的な位置概念である。それは旧約聖書においては、アブラハム契約に基づく出エジプトの出来事として神の救済の歴史に表出し、イエス・キリストの新しい契約として歴史の中で完結する。

しかしながら、アブラハム契約において救われたイスラエルの民に、その「救い」の業が顕わされたのちに、新たにシナイ契約がもたらされる。それは、神の民が神の民であるがゆえに、神の国で神の民らしく生きるようになるための契約である。

神の民が神の民らしく生きる。それは人間が人間の本性（natura）に従って神の似像を形成する歩みである。創世記一章二六―二七節には次のように記されている。

神は言われた。

「我々にかたどり、
我々に似せて、人を造ろう。そして海の魚、空の鳥、家畜、地の獣、地を這うものすべてを支配させよう」。

神は御自分にかたどって人を創造された。

神にかたどって創造された。

男と女に創造された。


ここにおいて、神は人を神の像にかたどり、神に似せた神の似像を造られるというご意志を示されている。そしてその神のご意志に従って、神にかたどって人が創造されたとある。この神の像（ロゴス）と神の似像が人間を人間たらしめるのであるが、このような神の似像の形成は、即座に完成されるものではない。それは形成されるものであり、人間本性の完成、すなわち神の創造の業の完成に向かって養い育てられながら成長していくものである。そしてイエス・キリストによる「罪の赦し」の契約は、我々を神の国に生きる者とし、神の国の神の支配の下で、神の創造の業に従って人間本性の完成に我々を招いている。だからこそ、それが成長しながら形成されていくためには、「神のいない世界」という環境の中に、神がおられ神の恵みが具体的に支配している環境が作り出されなければならない。そしてその環境の中に新しく生まれることが必要なのである。

では、なぜ、神がおられ、神の恵みが具体的に支配している環境に新しく生まれなければならないのであろうか。それは、人間の言葉と認識の関係を通して明らかになる。というのも、我々人間は、言葉によって物事を認識し、その言葉によって思考するからである。そしてその言葉はコミュニケーションを生み出し、そこの社会的な価値観やものの見方といったものを生み出していく。その意味で言葉は、社会を構成するための基盤であると同時に、循環的に社会的産物となる。こうして、言葉によって認識し思考する人間は、その言葉を有する世界、あるいはその言葉でコミュニケーションがされている世界の影響の下に置かれている。そうすると、「神のいない世界」の中にある言葉とコミュニケーションの中に生きている限り、そこにおいて神の似像など形成できないことは自明のこととなる。神がおられ、神が支配している世界の内、つまり神を語る言葉、神を中心にコミュニケーションが形成されるところにあって、人間は神の似像を形成することが可能になるのである。

　このような言説は、たしかに思弁的な論理である。しかし、このような思弁的な論理にもかかわらず、イエス・キリストのもたらした「救い」は、旧約聖書と新約聖書をつらぬく神の契約と救いの物語が持つ一貫性という聖書的論理のゆえに、具体的な場所としての「神の王国」へと我々を導く。だとすれば、その場所はどこにあるのか。答えは簡単である。詳細な理由は後に述べるとして、ここではその答えだけを述べるが、「神のいない世界」における具体的に神が支配しておられる場所としての神の国、それは教会である。

第六節　被造世界の救い

西方教会の伝統は罪びとの救いであり、神の義を中心にした「罪の赦し」が救済論の柱である。この場合「罪の赦し」は、人間が犯した罪であり、最終的には、私たちの罪が問題にされる。それは、私たちの罪の問題であって、私たちの外側の罪によってもたらされる私の苦悩は解決しない。これは、著者が本書の第一章第二節で指摘したことである。また、そのことに関して、聖書は聖書全体の分量に比べれば、本当に短くからし種のような分量ではあるが、パウロがローマの信徒への手紙八章一八―二二節で述べた被造物の救いの問題として述べていることも、同じく本書の第一章第二節で取り上げた。

しかし、西方教会の伝統は、とりわけプロテスタンティズムの「救済論＝贖罪論」においては、この被造物の救いの問題はすっぽりと抜け落ちている。それに対して、東方教会の伝統においては、人間の救い（神化）だけでなく、被造物の救い（神化）も視野に入っている。それは東方教会における人間理解が、単に「個」たる私を、それを取り巻く世界から切り離さないでその環境との関係性の中で見るからであると同時に、その罪の理解が、神の創造のあるべき姿からの逸脱にあるからである[20]。それゆえに、東方教会における「救い」は、人間を含む被造物全体が本来のあるべき神の創造の姿に回復されることにある。

ではなぜ、西方教会の伝統における「救済論＝贖罪論」の構造から被造物の救いがすっぽりと抜け落ちてしまったのだろうか。それは「救済論＝贖罪論」は、救いを私たちの罪の「罪の赦し」に一点集中的に捉える人間を中心においた救済論であるというところに起因する。もっとも、人間が本来あるべき姿に回復されるという視点は、西方教会の中に全くないというわけではない。それは「聖化」という概念の中にみられる。聖化については、信仰義認論とは異なり各教派間での理解に違いがある。とりわけ、ルター主義、カルヴァン主義とウェスレアン・アルミニウス主義との間には顕著な違いがみられる。

先にあげた各教派のオルド・サルティスを見る限りでは、ルター主義、カルヴァン主義、ウェスレアン・アルミニウス主義のいずれもが、聖化をとりあげ、救いの秩序の中に位置づけている。しかし、オルド・サルティスは、終末論まで視野に入れた救いの秩序である。そのため、ルター主義、カルヴァン主義、ウェスレアン・アルミニウス主義の間には聖化の理解には違いがある。というのも、ルター主義は、人間の罪びとの性質は終末論的回復に至るまで変わらず、聖化はあくまでも終末論的完成の時になされるものと考えるのに対し、カルヴァン主義は、ルター主義と同様に人間本性の完全な回復は終末論的未来に置きつつも、キリスト者の生涯の中で、繰り返し行われる罪の悔い改めと赦しの中で漸進的に聖化されていくと考えるからである。

これに対して、ウェスレアン・アルミニウス主義においては、終末論的な聖化（栄化）を視野に入れつつ、それがキリスト者の生涯の中におこる「聖化」（全的聖化）の出来事として先取られる。すなわち、神の属性である「聖」が私の属性として与えられるのである。このような「聖化」は、神の御心を自分の思いとして喜んで受け入れられる人間の内的状態であり、エラスムスの用語を借りるならば、神の精神の像が私の中で形作られるということである。もちろん「聖化」は栄化の先取りであって、完全なものではない。それは、神の時間軸では「聖」なる者である人が、人間の時間軸においては、いまだ神の創造の業の中で、完成に向かう過程にある不完全な者だからである。その意味では、私の中で形成された神の精神の像は、キリストのように「非類似性が全くない」というものではない。平たく言うならば、キリストが生きたように生きようとするキリスト者の生の在り方であり、イエス・キリストならばこのようにするであろうと思われることを喜んで生きるというキリストに倣う生き方である。そのようなキリストに倣う生き方の中に、不完全な人間に完全な「聖化」が先取られつつ、完全な完全を目指す上昇的な生き方となって現れ出るのである。ここには、一種のプラトンのイデア的な二元論の構造が見られる。しかしそこには、先取られる「聖化」は完全なものではあるが、それを受け取る人間が不完全なために、不完全の完全、あるいは完全の不完全という一種の矛盾した構造が生まれる。この点においてウェスレアン・アルミニウス主義の「聖化」論は、イデア論のような論理的整合性に欠ける。プラトンにおいては、不完全は不完全なのであり、不完全だからこそ上昇を目指す。それに対して、ウェスレアン・アルミニウス主義的な二元論的構造の下にある「聖化」は、論理的に導き出された客観的な真理ではなく、この世界の中で、現実にキリスト者として生きる宗教的な生における主観的、実存的真理として受け取られたものである。だからこそ、その表出は矛盾した表現になる。それは、神の時間軸と人間の時間軸が交差するところに「聖化」が先取られているからである。

いずれにせよ、ウェスレアン・アルミニウス主義は「聖化」によって、人間本性の回復をキリスト者のこの世界の中での生涯の中に起こりうることが可能とみている点においては、ルター主義およびカルヴァン主義とは明らかに違っている。それはむしろ、東方教会の神化論に近いものがある。[21]

このように聖化論においては教派間に違いがある。そしてその違いは、神と人間とが断絶しているか連続しているかの違いであり、かつそれは救いの際に一切の人間の関与を認めないルター主義およびカルヴァン主義と、聖霊の先行的な恩寵の下ではあるが、神と人間の共働を認めるウェスレアン・アルミニウス主義との違いでもある。

話が聖化論に分け入ってしまい、本題からややそれてしまった感があるので、話を戻そう。なぜ西方教会の伝統において、とりわけプロテスタンティズムの「救済論＝贖罪論」においては、この被造物の救いの問題がすっぽりとぬけ落ちているのかという問題である。それに対して、東方教会の伝統には、救いは神の創造の業にある本来的な姿の回復あるいは完成というところに救いを見ているがゆえに、被造物の救いという視点がある。そのような人間の本来の姿の回復という視点は、ウェスレアン・アルミニウス主義の中の「聖化」の概念の中にも見られ、ウェスレアン・アルミニウス主義における「聖化」は、東方教会の「神化」ときわめて近いものなのである。それでもなお、ウェスレアン・アルミニウス主義の「聖化」は、私たちの人間本性の回復である。その意味では、救いを私の罪の「罪の赦し」に一点集中的に捉える人間を中心においた救済論からは脱却していない。だから神化論と聖化論は極めて近似したものではあるが、全く同じものではない。むしろその関係は神化論の方が聖化論を包摂する、より広い概念である。しかし、一歩踏み出せば、「聖化」の概念には被造物の救いへと展開することは可能である。というのも、被造物の救いの問題は、被造物という言葉の中に、単に自然や宇宙という可視的なものだけでなく、社会という不可視的なものが含まれているからである。聖書も、バプテスマのヨハネの言葉を通して「見よ、世（κόσμος）の罪を取り除く神の小羊」（ヨハ一・二九）と述べている。

この「世（κόσμος）」は、人間社会であり、人間を取り巻く自然である。そしてこの「世」における社会は、私たちを目に見える形や、あるいは目に見えない形で支配する。私の友人は、「日本には世間様という神様がいる」と言ったが、なかなか言い得て妙である。その「世間様」が支配する世界にあって、人間そのものが聖化されることでこの「世」における人間社会が聖化される道が展望される。

その展望について、少し考えてみることにしよう。この「世（κόσμος）」における人間社会は、人間で構成されている。当然そこには人間関係があるし、その人間関係を支える倫理・道徳や社会通念、そして価値観などがある。この人間関係を支える倫理・道徳や価値観といったもの、中でもとりわけ価値観といったものは、我々を支配し、苦悩の原因になる。著者もそうであったが、子どもが生まれてくるとき、何よりも五体満足であってほしいと願う。それは、健康であること、丈夫で元気でいることが一つの価値観になっており、無意識のうちにその価値観で考えているからである。しかし、このような価値観が行きわたり、社会のマジョリティを形成している世界では、病気や障害をもって生まれてきた人たちや、不慮の事故で障害を負った人たちにとっては、病気や障害そのものではなく、それを善しとしない価値観が苦悩の原因となって苦しむということがある。ここには社会通念化された価値観が、健康を害している人や障害を持っている人、その親を暴力的に支配しているのである。この健康を金に置き換えてみれば、金の稼げる「もの・者」は価値があり、金の稼げない「もの・者」は価値のない存在になる。また学力や才能に置き換えるならば、良い成績を収めることができる者は価値ある者となり、良い成績を収められない者の価値が軽んじられるのである。このような事態は、社会通念や社会の持つ価値観が我々を取り巻く構造の網目となって我々人間を縛り、また我々人間も、意識的に、あるいは無意識的に従属しているからである。そのような意味においては、現代のキリスト教や現代のキリスト教神学は、資本主義社会の構造と価値観によって築き上げられたこの「世」に絡み取られ、がっちりと組み込まれている。そのような「世」という世界は、神に敵対し、我々を神から引き離そうとする世界である。少なくともイエス・キリストは次のように言っている。

世があなたがたを憎むなら、あなたがたを憎む前にわたしを憎んでいたことを覚えなさい。あなたがたが世に属していたなら、世はあなたがたを身内として愛したはずである。だが、あなたがたは世に属していない。わたしがあなたがたを世から選び出した。だから、世はあなたがたを

憎むのである。（ヨハ一五・一八―一九）

この言葉は、ヨハネによる福音書一四章から一六章まで続くイエス・キリストの告別説教と言われる箇所の一部である。この箇所でイエス・キリストが弟子たちに語った内容を読んでいくと、最初に描かれているのは、イエス・キリストとこの「世」との戦いの物語である。そして、その戦いの物語は、「あなたがたには世で苦難がある。しかし、勇気を出しなさい。わたしは既に世に勝っている」（ヨハ一六・三三）というイエス・キリストの勝利の言葉で締めくくられている。つまり、イエス・キリストを信じる者とその共同体は、イエス・キリストにつながることで、この「世」に勝利をすることができるというのである。

当然のことであるが、勝利と救いとは語義的には同じものではない。だから「世」に勝利することがすなわち「世」が救われることではない。しかし、「世」に対して勝利することができるということは、少なくともこの「世」に勝利したイエス・キリストという存在は、キリスト自身の内（ἐν Χριστῷ）に、この「世」の社会通念や価値観といった在り方に縛られない社会を形成することができるということである。そこに、この「世」に対する救いがある。もちろん、それは我々が住む世界全体がそのように変革されなければ、完全な意味でこの「世」の救いとはならない。しかしそれが、イエス・キリストを信じる者の共同体である教会の中で実現するならば、その共同体は、この「世」の救いを先取り、それをこの世界に指し示すのである。

イエス・キリストは、完全な神の精神の像であり、完全な人間本性をもった人間の本来あるべき神の似姿である。そのイエス・キリストの生き方がこの「世」に対する勝利をもたらすのであるが、具体的には十字架の死に至るまでの神に対する従順さとなって表れている。ウェスレアン・アルミニウス主義における「聖化」は、イエス・キリストを信じる者は、そのイエス・キリストの似姿になるということであり、そこには人間本性への変革がある。たしかにウェスレアン・アルミニウス主義の「聖化」は、私の「聖化」という、人間中心の個人的な「聖化」ではある。

その人間中心の個人的な「聖化」から、さらにその個々人が集う教会という共同体が「聖化」されるというところに一歩踏み出して、キリストを信じる者の内に、またキリストを信じる者の群れであり共同体である教会の中に、教会が教会の本来あるべき姿が形成されるという「聖化」が実現されていくならば、その共同体は、この「世」に対して勝利する共同体となる。それは、単に赦された罪びとの集まりとしての共同体というのではなく、むしろ、その共同体自身がその中に神の似像を形成するという聖化されたものである。そしてその聖なる共同体には、この「世」の社会通念や価値観といった「世」の在り方に縛られない社会を形成する可能性と、教会が「世」という外側の世界に働きかける可能性がある。それは、この「世」の聖化に向かって可能性が開けているということなのである。

では、自然はどうであろうか。自然もまた人間社会と共にこの「世」を構成する。時に天災として人間に苦悩をあたえ、人間もまた自らの利便性と豊かさのために自然を搾取し、環境破壊によって自然を傷つけている。その自然に対して、キリストは自然をも治めるお方であることが物語られる。マルコによる福音書四章に見られる嵐を静めるイエス・キリストの物語などである。そこには次のように物語られる。

その日の夕方になって、イエスは、「向こう岸へ渡ろう」と弟子たちに言われた。そこで、弟子たちは群衆を後に残し、イエスを舟に乗せたまま漕ぎ出した。ほかの舟も一緒であった。激しい突風が起こり、舟は波をかぶって、水浸しになるほどであった。しかし、イエスは艫の方で枕をして眠っておられた。弟子たちはイエスを起こして、「先生、わたしたちがおぼれてもかまわないのですか」と言った。イエスは起き上がって、風を叱り、湖に「黙れ。静まれ」と言われた。すると、風はやみ、すっかり凪になった。イエスは言われた。「なぜ怖がるのか。まだ信じないのか」。弟子たちは非常に恐れて、「いったい、この方はどなたなのであろう。風や湖さえも従うではないか」と互いに言った。

（マコ四・三五—四一）

ここでは、嵐となって荒ぶり人間に恐怖を与える自然の姿がある。この自然の荒ぶりは、人間と自然との関係において認識される荒ぶりであり恐れである。ここには人間と自然とが対峙し、敵対関係がある。この関係をイエス・キリストは嵐を静めることで治めるのである。このように、この物語においてキリストは自然と人間とを和解させる存在として物語られる。もちろん、この物語は風を叱り、湖に「黙れ。静まれ」と言って自然を従わせるキリストの神性をも物語っている。そこにおいて自然は、そのキリストの神性に基づく言葉に従うのである。それは、すでに自然が神の支配の下にあり、神の創造の業の完成に向かっているということでもある。残された問題は人間と自然との関係である。そこには環境を破壊し自然を激しく傷つけている人間の在り方がある。

たしかに聖書は、人間がこの地を治める存在として描いている。創世記一章二七―二八節にはこう記されている。


神は御自分にかたどって人を創造された。

神にかたどって創造された。

男と女に創造された。

神は彼らを祝福して言われた。

「産めよ、増えよ、地に満ちて地を従わせよ。海の魚、空の鳥、地の上を這う生き物をすべて支配せよ」。


これは、神の像を与えられ神の似像を形成するように創造された人間が、その神の似姿としてこの世界を治めるというのであって、それはキリストが嵐を治めたように治めるということである。人となられた神であるキリストは、神であられるがゆえに完全な神の像であり、人であるがゆえに人間本性を完全に完成されたお方だからである。

そのキリストが、嵐となって荒ぶり人を恐怖に陥れた自然を静め治めたとき、キリストは言葉をもって自然を治めている。そこでは自然が何ら傷つけられることもない。つまり、完全な神の似像となった人間は自然を傷つけることなく自然と人間の関係を和解させ、かつ自然を治めるのである。それこそが、まさにローマの信徒への手紙八章で、

被造物は、神の子たちの現れるのを切に待ち望んでいます。被造物は虚無に服していますが、それは、自分の意志によるものではなく、服従させた方の意志によるのであり、同時に希望も持っています。つまり、被造物も、いつか滅びへの隷属から解放されて、神の子供たちの栄光に輝く自由にあずかれるからです。被造物がすべて、今日まで、共にうめき、共に産みの苦しみを味わっていることを、わたしたちは知っています。（ロマ八・一九―二二）

と述べている事態であり、人間が人間としての本性を完成し、神の似姿をもって自然を治めることである。

こうして見ると、人間と人間社会、そして自然を含む被造世界の救いは、神が人間に与えられた霊の完成によってなされるものであると言えよう。この神が人間に与えられた霊とは、神の意志、神のみ旨を求める理性である。被造世界の救いとは霊に従って人間本性を完成させることによって、神の創造の業の完結として生み出される終末論的な救いであると言えよう。

第七節　被造物の救いと教会

ニクラス・ルーマンは分析的に、現代社会を構成する宗教や経済、また医療や教育や福祉といった様々な諸要素を、分化されたオートポイエーシス的なシステムとして捉えた。すなわち、それぞれの諸要素が、互いに他の要素を環境とし、互いに相互浸透しつつも、それぞれが独立して存在するのである。そして、その独立して存在する諸要素は、その要素が関心を寄せる事柄を中心としてコミュニケーションを形成し自己完結するのである。その考えでは、宗教は宗教システムとして社会を構成する独立した一部分ではあっても、社会全体を包括し統制する存在ではない。それは「神のいない世界」の中にあって分化された一つの「神の存在する」システムあるいはコミュニティでしかなく、むしろ社会を構成している他のシステムの影響を自己の中に浸透させ、自己完結的に存在するものである。

ルーマンの社会システム論の是非はともあれ、被造物の救いは分節化された社会、あるいは私事化に向かう社会の中では決して起こりえない。と言うのも、被造物の救いは、神の創造の業の完成という全体性における救いであって、たしかにそれは、神の像を与えられ、神の似姿を形成するべく創造された人間が、その人間本性を完成することによって起こるものだからである。その人間本性の完成には、神と神の言葉が語られ、その神の言葉を中心にしたコミュニケーションの中で人間形成がなされなければならない。というのも、人間は言葉、思想と文化、そして価値観が網羅された構造であり、言葉によって人間は決定的に影響され、からみ取られているからである。だからキリスト教における人間形成は、神と神の言葉を中心としたコミュニケーションによって成り立つ宗教システムの一つである教会の中にあって初めて、成立されるものである。その教会内の言葉にあって、とりわけそのコミュニケーションの中心に創造論が置かれ物語られるとき、キリスト教世界という一つの宗教システムが他の様々な要素を包括する被造物世界の全体性となるからである。

しかし、その教会での神と神の言葉を中心としたコミュニケーションが、単に個人の救済についてのみ語るならば、キリスト教は、トーマス・ルックマンが指摘したように私事化していくであろうし、ルーマンが指摘するように、キリスト教も一つの分化された社会システムの一つに留まってしまう。そこには私事化された救いはあっても、地を治めるものとして創造された人間の使命は達成されない。つまり、被造物の救いは起こりえないのである。被造物の救いは、キリスト教、あるいは教会という一つの宗教システムが、神学する中で完成されるものである。

このとき、教会と世界との関係は、ルーマンが言うように、教会という宗教システムの中にこの世界の社会の諸々の構成要素が浸透し、教会が自己完結的に自己形成していくようなものではない。それは、教会がこの世界に影響され、影響を受けたもので再形成されるからである。しかし被造物の救いにおいては教会そのものが、社会と対峙しつつ、神と神の言葉がこの世界に何を語り、何を求めているかということを思い、考え、議論しつつ紡がれる言葉と行いを通してこの「世」という社会に影響を与えつつ、社会を再形成し歩む存在として世界と関わるのである。そのような教会の在り方が、教会という場において人間が人間としての人間本性の完成に向かって形成されていく中でなされる社会の再形成の道である。このように、被造物の救いには教会の中でどのような言葉が語られているかということが極めて重要となる。

たしかに、教会においては私という個人の救いは重要な問題である。しかし、個人は社会の中で生きており、自分の内側にある罪の問題だけではなく、自分の外側にある罪の問題に悩み苦しんでいる。だからこそ私は自分の外側にある罪がもたらす悩みや苦しみに対して語る言葉を持たなければならない。だとすれば、必然的に教会はこの世界に向かう言葉を持たなければならないであろう。そのためには、教会の中で経済や政治、また教育や福祉といったものを視野に入れ、それらに対して神と神の言葉が何を語り、何を求めているかということについて、思いめぐらし、考え、議論する、つまり神学されていなければならないのである。

それは、教会が社会を支配するということではない。現代社会のように多様化が進み、様々な文化や宗教が存在する中で、教会が支配者を目指すとすれば、それは極めて暴力的で、文明の衝突となり様々な悲劇を生み出すことになりかねない。その意味で政教の分離という意味での世俗化は必要であろう。イエス・キリストも弟子たちに語られた次の言葉の中で、教会が世界の支配者となることを拒んでいる。

「あなたがたも知っているように、異邦人の間では、支配者と見なされている人々が民を支配し、偉い人たちが権力を振るっている。しかし、あなたがたの間では、そうではない。あなたがたの中で偉くなりたい者は、皆に仕える者になり、いちばん上になりたい者は、すべての人の僕になりなさい。人の子は仕えられるためではなく仕えるために、また、多くの人の身代金として自分の命を献げるために来たのである」。

（マコ一〇・四二―四五）

イエス・キリストによる救いは神の恵みが支配する「神の国」に人を招き入れることであり、そこにおいて神の民の人間本性を完成することにある。その完成された人間本性に基づく人間が自然と共生するとき、理屈の上では被造物の救いは完成する。その「神の国」は、N・T・ライトが指摘するようにイエス・キリストの出現と共にすでにこの世界に到来し始まっている。だからこそ、「神の国」は宣教の業によって広げていかなければならない。

しかし、グローバル化し価値観の多様性が容認される現代において、その「神の国」がこの世界を完全に覆うのは、イエス・キリストが再臨する終末論的出来事であるだろう。その意味において、「神の国」はイエス・キリストの降誕によって始められ、再臨において完成する「すでにといまだ」の「緊張関係」にある。その緊張関係の中で、被造物の救いも、「すでにといまだ」の間にある「今、ここで」の聖化された教会と共にあると言えよう。

注

（1）H・ジェーコブズ『キリスト教教義学』鍋谷堯爾訳、聖文舎、一九八二年、二二三―三一二頁を参照。
（2）J・マーレー『キリスト教救済の論理』松田一男・宇田進訳、小峯書店、一九七二年、七一頁を参照。
（3）O. Waylay, P. Cullbertson, *Introduction to Christian Theology*, pp. 245-335. 翻訳は日本ウェスレー出版協会から、渡辺勝弘・宮崎実彦・竿代照夫・竿代信和他の訳で『キリスト教神学概論』のタイトルで出版されている。邦訳での参照箇所は三二六―四二六頁。
（4）アブラハム（アブラム）の名が実際に最初に出てくるのは一一章二七節からであるが、ここでは、アブラハムと神との実質的な関わり合いの最初として一二章とした。
（5）この神の精神の像という表現は、エラスムスが『エンキリディオン』で用いた表現である。この言葉をもってエラスムスは、神の意思や思いや考え、そして感情といったものを示している。
（6）出二四・二―八を参照。
（7）ヘブ七・二二を参照。
（8）ヘブ九・一一―一五を参照。
（9）出二四・四および出二四・七を参照。
（10）たとえば永井訳では「イエス・キリストの信仰」、あるいは田川訳では「イエス・キリストの信」、英訳では King James Version が faith of Jesus Christ と訳している。またR・B・ヘイズなども主格属格で捉えている。
（11）E・ケーゼマン『ローマ人への手紙』岩本修一訳、日本基督教団出版局、一九八〇年、一八三頁を参照。
（12）ウルガタでは「キリストの信仰」となっている。
（13）岩波版新約聖書参照。

（14）J・D・G・ダン『叢書新約聖書神学8　ガラテヤ書の神学』山内眞訳、新教出版社、一九九八年、七四―七七頁を参照。もっともダンにおいては、パウロは割礼と食物規定がユダヤ人であることの徴である契約律法主義に立つとし、信仰と律法を対立的に捉えていない。むしろダンが言うイエス・キリストへの信仰は、律法がユダヤ人にとってアブラハム契約に基づく契約の民である徴であるように、キリストによる新しい契約の民であることの徴なのである。これは「律法による義か信仰による義か」といった対立構造にあるのではなく、むしろ契約の徴における予型と実体という相補的なものである。

（15）この最後の晩餐におけるイエス・キリストの言葉は、マタイだけでなくマコ一四・二二―二五とルカ二二・一六―二〇においても述べられているが、マルコとルカにおいては、罪の赦しという言葉は入っていない。つまり、この言葉はマタイが意識した読者であろう集団に対して語られた言葉である。ではマタイが意識した集団とはだれか。一般にはユダヤ人がマタイの読者層であると考えられている。だとすれば、神の民であるユダヤ人たちが、過越の食事の席で「罪の赦しを与える契約」という言葉が語られたということを聞くとき、そこで想起するのはシナイ契約にある祭儀であり、出エジプトという解放の出来事を受けて、その救いの神に対する応答として与えられた律法ということになる。そうすると、この「罪の赦し」とは、まさに解放の出来事がもたらす新しい生の中での神の導きに対する応答の成就ということと結びつき、神の解放の業が神と人とによって完成されたものとして解されるのである。

（16）聖書では「神の国」と表記されているが、原語は βασιλεία τοῦ θεοῦ となっており、単なる「神の国」ではなく、神が王として支配する「王国（βασιλεία）」である。

（17）マコ一〇・四五。

（18）新約聖書においては償いという概念は、たしかに出てこない。しかし、旧約聖書にはレビ記四章から七章の罪祭の規定の中で、とりわけ五章において償いの問題が取り扱われている。このレビ記における償いを必要とする罪（חטאת）は、違法行為や犯罪である咎（אשם）に対するものである。罪（חטאת）には、「的を外す」という意味と同時に神に対する「義務を怠る」とか「正しい道から外れる」といったニュアンスがあるためである。それゆえに原文はレビ五・五の原文は、次のようになっている。

וְהָיָה כִי־יֶאְשַׁם לְאַחַת מֵאֵלֶּה וְהִתְוַדָּה אֲשֶׁר חָטָא עָלֶיהָ

このように、レビ記の償いは神の民であるイスラエルがエジプトから解放された後に、神の民となる歩みの中で犯した具体的な行為としての罪に対するものであり、それはたしかに「罪の赦し」のためのものである。それに対して、イエス・キリストの「罪の赦し」は、罪と死の支配を打ち破る勝利であり、律法（つまりシナイ契約の具体的な内容）を成就するものである。そこには当然レビ記五章も含まれている。したがってイエス・キリストが法を成就している以上、イエス・キリストにおいては、もはや償いという概念を必要としない。

（19）ὑπέρ に「代わりに」という意味はないわけではない。実際、フィレモンへの手紙では、代わりにという意味で用いられる。しかし、これはあくまでも文脈から、「代わりに」という意味で用いることを支持するからであり、第一義的には「〜のために」である。たとえば岩隈直『新約ギリシヤ語辞典』（山本書店、一九八九年）では、ὑπέρ の訳し方の四つの可能性を示しているが、「代わりに」は四番目に置かれているように、通常は「〜のため」で訳すのが普通であり、一般的である。それを「代わりに」の意味を用いるとするならば、当然、その文脈に「代わりに」という意味を支持する明確な必然性が必要である。

（20）カリストス・ウェア『私たちはどのように救われるのか――大斎の意味・正教徒は聖書をどう読むべきか』カリストス・ウェア主教論集1、司祭ダヴィド水口優明・司祭ゲオルギイ松島雄一訳、日本ハリトリス正教会西日本主教教区、三八―四三頁を参照。

（21）これは、J・ウェスレーが東方教会の影響を強く受けていることに起因していると思われる。ウェスレーに対する東方教会の影響については、清水光雄『ウェスレーの救済論――西方と東方キリスト教思想の統合』教文館、二〇〇二年、一三二―一四二頁を参照。

第三章　教会論的キリスト論

第一節　キリストと教会――キリストの体としての教会

「神の救い」は法的な位置関係ではなく、場所的な位置関係にあるという主張の根拠は、教会が「キリストの体」であるという聖書の主張にある。(1) この教会を「キリストの体」として捉える思想はパウロが好んで用いた表現である。(2) しかし、「キリストの体」としての教会の根本は、次に挙げるルカによる福音書のイエス・キリストの言葉にまで遡る必要がある。

ファリサイ派の人々が、神の国はいつ来るのかと尋ねたので、イエスは答えて言われた。「神の国は、見える形では来ない。『ここにある』『あそこにある』と言えるものでもない。実に、神の国は、あなたがたの間にあるのだ」。（ルカ一七・二〇―二一）

ここにおいて、「神の国は、見える形では来ない」といわれているところから、神の国、すなわち

「神の王国」を内面化し精神的なものと捉える向きもある。しかし、先にも述べたように、「神の王国」は、神が王として、神の恵みによって支配する領域である。しかし、聖書においては、しばしば具体的な場所に結びつけられてきた経緯がある。それは、アブラハムに示されたカナンの地であり、また神が建てた王によって支配されるイスラエル王国である。では、このイエス・キリストの言葉において「神の国はあなたがたの間にあるのだ」といわれる「神の王国」は何なのか。

この言葉は、イエス・キリストに反目するファリサイ派の人間が尋ねた問いに対する答えとして語られている。そのファリサイ派の人々に「神の国はあなたがたの間（ἐντός）にある」と言われるのだが、このἐντόςという言葉は、「～の中に」とも訳すことができる。それゆえに本書がベースとしている新共同訳以外の他の多くの訳では、「中に」とか「ただ中に」と訳するが、この時、イエス・キリストは状況的にはファリサイ派の人々と論争の「ただ中に」置かれ、場所的にはファリサイ派の人々の「間に」いる。そうすると「神の国は、あなたがたの間にあるのだ（γὰρ ἡ βασιλεία τοῦ θεοῦ ἐντὸς ὑμῶν ἐστιν）」と言われる「神の王国」はイエス・キリストということになる。実際、ルカによる福音書は、この直後にイエス・キリストが弟子たちに語られた次の言葉を置く。ルカによる福音書一七章二二節から二五節である。そこにはこのように書かれている。

それから、イエスは弟子たちに言われた。「あなたがたは、人の子の日を一日でも見たいと望む時が来る。しかし、見ることはできないだろう。『見よ、あそこだ』『見よ、ここだ』と人々は言うだろうが、出て行ってはならない。また、その人々の後を追いかけてもいけない。稲妻がひらめいて、大空の端から端へと輝くように、人の子もその日に現れるからである。しかし、人の子はまず必ず、多くの苦しみを受け、今の時代の者たちから排斥されることになっている。

（ルカ一七・二二―二五）

ここにおいて、ルカによる福音書一七章二一節で語られた「見よ、あそこに（Ἰδοὺ ἐκεῖ）」「見よ、ここに（Ἰδοὺ ὧδε）」という言葉が、語順の前後の違いがあるが、呼応するかのように繰り返されている。この繰り返しには、イエス・キリストあるいはルカによる福音書の編集者の意図が感じられる。また二二節の「それから、イエスは弟子たちに言われた」という言葉、特に「それから（δέ: moreover）」という言葉は、この二つの文脈の関係を強く示している。その二二節から二五節は、二六節から三七節までの終末に関する言及がなされている文脈の一部として語られているが、その内容はイエス・キリストの十字架の死についてである。つまり、イエス・キリストは十字架の上で多くの苦しみを受けて死に、終末のときに再び来られる（再臨）のだが、その間に人々はイエス・キリストという神の王国の表れを直接見ることはできない。だから、イエス・キリストが「見よ、あそこだ（Ἰδοὺ ἐκεῖ）」「見よ、ここだ（Ἰδοὺ ὧδε）」と言われても、そのような言葉に惑わされるなというのである。

このように、「見よ、あそこだ（Ἰδοὺ ἐκεῖ）」「見よ、ここに（Ἰδοὺ ὧδε）」という言葉が指し示す先はイエス・キリストである。それゆえに「あなたがたの間にある」と言われる「神の王国」はイエス・キリストを指していると思われる。考えてみると、イエス・キリストはインマヌエルと呼ばれる存在であり、全き神と全き人とが「分離せず、混合せず」(3)に存在する神の御子である。そして、十字架の死に至るまで神に従順に従われたお方であり、それゆえに神の支配がキリストの内に徹底していた。だからこそ、神の王国は、イエス・キリストを通して明らかにされているのであり、イエス・キリストという存在を通して、神の王国はこの「世（κόσμος）」に具体的な場所として存在するのである。

しかし、先ほどのルカによる福音書一七章二二節から二五節において、そのキリストさえもが、「人の子の日を一日だけでも見たいと望む時が来る。しかし、見ることはできないだろう」と言っているのである。だとすれば、イエス・キリストの十字架の死から、イエス・キリストが再臨なさるまでの間の期間、それはまさに今の私たちの生きている時代でもあるのだが、その間は「神の王国」は、私たちの住むこの「世（κόσμος）」には存在しないのだろうか。

パウロは、そのようなイエス・キリストを「見たいと願っても見ることができない時」に、「あなたがたはキリストの体であり、また、一人一人はその部分です」（一コリ一二・二七）と言う。また、それに続くエフェソの信徒への手紙一章二三節では、「教会はキリストの体であり、すべてにおいてすべてを満たしている方の満ちておられる場です」とも言う。

このように、イエス・キリストの十字架の死以降は、キリストを信じる者の群れであり共同体である教会が、「キリストの体」として神の恵みの支配の下にある「神の王国」をこの世界に表す存在となったのだ。そしてその教会の中に、救いをもたらす「イエス・キリストの信仰」があり、命の源である神との生命的な結びつきがあるのである。それゆえ、教会に繋がることは、イエス・キリストに繋がることであり、「イエス・キリストの信仰」に繋がることである。だから、教会を介さない「救い」はない。教会に繋がることで、イエス・キリストの新しい契約の内に入れられるからである。そして「聖化」もまた個人的な経験に留まるのではなく、「キリストの体」なる教会に留まるからこその教会的経験であり出来事なのである。このように、「キリストの体」なる教会は、神の王国として、神のいない世界にあって、神がおられ、神が支配したもう具体的な場所として存在する。

この「キリストの体なる教会」に身を置くとき、人は「キリストの体」に結び合わされ、キリストと一体となる。そしてキリストと一つに結び合わされるという事態は、人を「キリストの体なる教会」にある一人の私として、私がキリストの内にあると同時に、キリストが私にあるというキリストとの神秘的な結びつきの中に置かれるのである。

第二節　イエス・キリストの十字架の意味

西方教会の伝統においては、キリストの十字架の死を我々の「罪の赦し」の償いのためであると理解してきた。イエス・キリスト自身が、「皆、この杯から飲みなさい。これは、罪が赦されるように、多くの人のために流されるわたしの血、契約の血である」（マタ二六・二七―二八）と述べているからである。このイエス・キリストの言葉のゆえに、ご自身の十字架の死を、罪の赦しのためであると解釈し理解してきた。そして、イエス・キリストの十字架の死を罪びとである私たちの罪を赦し、罪の裁きから救うものであると受け止めてきたのである。その際、イエス・キリストの十字架に死ぬことでどうして我々の罪が赦されるのかという、「赦し」の構造に対する合理的な説明が問題となってくる。それは、宣教上の問題であり、どう神学的に納得するかの問題である。

アンセルムスは、この宣教上の問題と神学的納得の問題を、ゲルマン民族がキリスト教化される中で背負いつつ、次のように語った。すなわち、神の御子であるイエス・キリストが人類を代表して十字架にかかって死なれることで、人間の罪によって損なわれた神の栄誉が償われたことで神の義が満足したという満足説によって説明したのである。また、カルヴァンは、「恵みのみ」という宗教改革の原則の下で、イエス・キリストの十字架の死は、本来我々が受けるべき神の裁きを、イエス・キリストが十字架の上で死んでくださったのだという刑罰代償説で説明する。両者とも、償いに基づく償罪の結果として赦しを見ている。

しかし、新約聖書に償いや賠償、身代わりといった意味を持つ語は使われていないということは、すでに述べた通りである。このことはイエス・キリストの十字架の死をアンセルムスの満足説やカルヴァンの刑罰代償説で説明することが困難であることを意味している。とすれば、この「罪の赦し」としてのイエス・キリストの十字架の死について、我々は、その意味をどのように理解すればよいのだろうか。

繰り返しになるが、キリストが十字架の上で命を投げ出して流された血はイエス・キリストの繋がる新しいイスラエルに「罪の赦し」をもたらす新しい契約の血である。しかし、すでに見てきたように、その「罪の赦し」はその本質において罪の支配から解放し、神の国で生きる神の民の権利を回復する贖いの業である。またその贖いの結果として、イエス・キリストに繋がる教会共同体、すなわち「新しいイスラエル」に、罪の赦しが与えられる。それは旧約聖書に現わされている贖罪の日(ヨーム・キップール)における罪の赦しである。したがって、その罪の赦しは救われるために罪を償うというものではない。むしろすでに救われた神の民の罪を贖うものである。だとすれば、異邦人にとってイエス・キリストの十字架の死の意味はどこにあるのだろうか。

G・アウレンは、この問題に光を投げかける。アウレンは、キリスト教の救済論には、三つの型があるという。その三つの救済論とは、まず「罪の赦し」を中心にした西方教会の伝統に見られるラテン型の贖罪論的救済論と、東方教会の伝統にみられる「罪と死との支配からの解放」を中心にしたギリシャ型の古典的救済論、そしてイエス・キリストの十字架の死によって示された愛に心を突き動かされた人間の精神に変化が起こり、それが和解の完成へと至らせると考えるヒューマニスティックな主観型の救済論の三つである。アウレンは、この三つの救済論の中で古典型救済論におけるキリストを「勝利者キリスト」と呼ぶ。この「勝利者キリスト」(4)におけるイエス・キリストの勝利は、罪と死によって支配するサタンに対する勝利であり、このイエス・キリストの勝利によって我々は罪の支配から解放されるからである。しかし、著者はここで、もう一歩踏み込んで、なぜイエス・キリストの十字架の死が、罪に対する勝利であり、我々を罪と死から解放するのかを考えてみたい。

この問いの答えの一つが、贖いとしての贖罪である。すなわち、神は神ご自身が、人間を罪と死の支配から買い取り、解放し、自由にするために、神の独り子であるイエス・キリストという犠牲（対価）を払い、罪と死の支配の下で罪びととなった人間を買い取られ、その身分を回復しご自分のものとされたという贖罪の視点から理解がなされることもできよう。そしてそれは、神の視点から見た贖罪の行為である。そのような贖いの概念はたしかに旧約聖書に見られる。それに対して、「勝利者キリスト」という神学における十字架理解におけるイエス・キリストの罪に対する勝利は、そこに贖いという意味が見出せるにしても、それは単に贖うということ以上に、もっと徹底したもののように思われる。そもそも、贖罪には勝利の概念とは結びつき難くなじまない。贖いは相手から買い取ることで所有することであり、勝利とは相手を打ち破り制圧し解放することだからである。

勝利としてのキリストの十字架の死は、罪と死の支配に打ち勝つことでもある。この勝利は、神であり人であるイエス・キリストの勝利である。だとすれば、そこには人としてのイエス・キリストの勝利もあるはずである。つまり、勝利者キリストの視点には神の業である救いとしての贖いと同時に、人間イエスの勝利という視点もそこにある。

では、人間イエスの罪と死に対する勝利とは具体的にはいったい何なのだろうか。人間の「罪（ἁμαρτία）」が、人間の本来あるべき姿からの逸脱であり、神の創造の業からの離脱であることは、すでに見てきたことである。その離脱とは具体的には、自分の肉の欲に従って生きることである。神の言葉に従い、神のみ旨に生きつつ、神の似姿を形成するのではなく、人間が、肉の欲に従って生きるとき、しばしば、そこには自分にとって善いという思いや、自分にとっての心地良さや快楽がある。エバが、禁断の実をとって食べたのは「目を引き付け、賢くなるように唆していた」(創三・六)からであったというのは、まさにそのことを示している。そのような人の思いを超えて神の言葉に従うには、神の言葉に対する絶対的な信頼が必要となる。この神の言葉に対する絶対的な信頼は、旧約聖書はアブラハムの信仰に見られるものであるが、その頂点はモリヤの山でイサクを燔祭として献げようとする物語に顕著に表れている。だからこそ、アブラハムはヘブライ人への手紙一一章一七節から二〇節で次のように称賛されるのである。

信仰によって、アブラハムは、試練を受けたとき、イサクを献げました。つまり、約束を受けていた者が、独り子を献げようとしたのです。この独り子については、「イサクから生まれる者が、あなたの子孫と呼ばれる」と言われていました。アブラハムは、神が人を死者の中から生き返らせることもおできになると信じていたのです。それで彼は、イサクを返してもらいましたが、それは死者の中から返してもらったも同然です。信仰によって、イサクは、将来のことについても、ヤコブとエサウのために祝福を祈りました。

ここで言われているアブラハムの信仰とは、すでに見てきたように神の言葉に従って生きるという生き方である。そして、そのようなアブラハムだからこそ、アブラハムはすべての国民の祝福の基となる契約を担うのである。

このアブラハムの物語に重なるのが、イエス・キリストのゲッセマネの祈りであると言えよう。このゲッセマネの祈りにおいて、イエス・キリストは、「わたしは死ぬばかりに悲しい」（マタ二六・三八）と言って、三度、父なる神に祈られた。その最初の祈りは「父よ、できることなら、この杯をわたしから過ぎ去らせて下さい。しかし、わたしの願いどおりではなく、御心のままに」（マタ二六・三九）であった。この杯は、イエス・キリストの十字架の死を意味している。というのも、このゲッセマネの祈りの直前に、イエス・キリストは弟子たちと過越の食事をしているのだが、そこで、「皆、この杯から飲みなさい。これは、罪が赦されるようにと、多くの人のために流されるわたしの血、契約の血である」（マタ二六・二七―二八）と言っているからである。

イエス・キリストは、その十字架の死を前にして、「わたしは死ぬばかりに悲しい」と言い「父よ、できることなら、この杯をわたしから過ぎ去らせて下さい」と祈る。そこには、死というものがもたらす深い苦悩と痛みがある。しかも、まったく不条理な死なのである。だから、「父よ、できることなら、この杯をわたしから過ぎ去らせて下さい」と祈るのであり、そこには全き人となられたイエス・キリストの思いと願いが吐露されている。しかし、そのように自分の願いや思いを訴えつつ、イエス・キリストは、「しかし、わたしの願いどおりではなく、御心のままに」とも祈るのである。ここには、自分の思いと神の御心の間で揺れ動く人間の葛藤する現実の姿が物語られている。それゆえに「しかし、わたしの願いどおりではなく、御心のままに」という祈りの言葉は、圧倒的に他律的な言葉として響き渡っている。他律的とは、自分の思いや願いとは異なるが、他の命令にしかたなく従うという服従の姿勢である。

そのイエス・キリストが二度目の祈りにおいては、「父よ、わたしが飲まないかぎりこの杯が過ぎ去らないのでしたら、あなたの御心が行われますように」（マタ二六・四二）と祈っている。また、三度目の祈りについては、祈りの言葉は記されず、同じ言葉で祈られたとあるので、二度目の祈りが繰り返されたと思われる。その二度目の祈りにおいては、もはや「できることなら、この杯をわたしから過ぎ去らせて下さい」という言葉は見られない。また、「わたしの願いどおりではなく」という言葉さえ消えている。ただ「御心が行われますように」と神の御心の実現を願うのである。

我々は、イエス・キリストの二度目の祈りの言葉に、自分の思いや願いと神の御心の間で葛藤する人間の現実を突き抜けて、神の御心の実現を積極的に願う神律的な生き方を見ることができる。神律とは、神の思いが自分の思いや願いとして積極的受動性をもって受け止められている人間の在り方であり、神の御心を生きる神の似像が完成された姿である。もちろん、このような神律的な生き方の背後には、神に対する絶対的な信頼がある。神の思いを自分の思いや願いとして積極的受動性をもって受け止め、能動的に実行するということは、ある意味、自分の人生を主体的に疑いなく神に委ねきるということだからである。このような絶対的な信頼は、イエス・キリストが、神というお方を知るからこそ成しえる信頼であり、神の御心は最善なこと以外はなされないと積極的に受け止めるのである。それをティリヒ的な表現で言うならば、神律に生きるということであろう。したがって、神への絶対的信頼は、神の愛や慈しみや恵みに対する信頼である。

そしてこのような神への絶対的信頼があるからこそ、「父よ、できることなら、この杯をわたしから過ぎ去らせて下さい」という自らの思いを超え、ただ神の思いを自分の思いとして受け止めることができるのであり、それこそが、神に対する信仰（fides quae creditur）なのである。そこには「私の思い」である「情念」を「理性」が支配する信仰の勝利がある。そして、それが死という断絶に至る現象になって現れるのは、「情念」と肉の欲とが死によって断絶するからである。つまり、十字架の死によって体が死ぬことで、体に宿る肉の欲と「情念」が死に別れるのである。この死別が、「情念」を「理性」に従わせる決定的な行為として、キリストの十字架の死に信仰の勝利をもたらすのである。

いずれにせよ、イエス・キリストのゲツセマネの祈りは、神の思いと自分の思いとして現れ出た「理性」と「情念」とが激しく葛藤する人間の姿を描き出す。そしてその葛藤の中で、神の似姿が形成されていく神の救いの物語を我々に物語るのである。同時にそれは、人間の自己追求的な思いと神の思いとの激しい戦いの物語である。そしてその延長線上に、「杯」、すなわちイエス・キリストの十字架の死がある。その意味では、イエス・キリストの十字架の死は、人間イエスにおける勝利である。肉の欲に従って「世」的なものを求めて生きるのではなく、神の言葉に従って天的なものを求めて生きる人間の生き方が、もっとも純粋な形で結晶化したものとして表されたものである。そしてそれは、人間の内に完全な神の似像が形成され、人間の本来あるべき姿が形成されるという神の救いの業の歴史的完成であると言えよう。

ところで、十字架の死というものは刑死である。しかし、ローマ帝国の総督ピラトが認めるように、イエス・キリストには刑死しなければならない罪状はない。[5] それでもなお、イエス・キリストが十字架上で刑死しなければならなかった背景には、律法学者や祭司長たちのイエス・キリストに対する激しい憎しみや怒りがある。このような憎しみや怒りは律法学者や祭司長たちの憎しみであり怒りという「情念」であって、イエス・キリストのものではない。その憎しみや怒りで苦しめられ、罪が認められないのに刑死しなければならないということは、イエス・キリストにとっては、はなはだ理不尽で不条理なことである。それは、まさに自分の「外側にある人々」の激しい「情念」が引き起こす「外側にある罪」のゆえの苦しみであり、痛みであり、悲しみである。その苦しみや痛みや悲しみが、あの「わたしは死ぬばかりに悲しい」という言葉に集約されていると考えるのは読み込みすぎであろうか。

このような視点からイエス・キリストの「十字架の死」の意味を考えると、イエス・キリストの十字架の死は、「外側にある罪」のゆえに抑圧され、虐げられ、苦しめられ、搾取され、殺される人間の苦しみとの連帯であり、そこには、我々人間の苦悩に対する神の共感があり共苦がある。[6] そして、その共感と共苦をもって、イエス・キリストが十字架について死なれたということは、イエス・キリストの十字架の死は、「外側にある罪」に対する勝利でもあり、「外側にある罪」とその「外側にある罪」からくる不条理な苦しみを終わらせた、あるいは終わらせることでもある。なぜならば、具体的な死という出来事は、すべての終わりでもあるからだ。このように、イエス・キリストが十字架の上で苦しまれ、死なれたことは「外側にある罪」がもたらす苦しみであると同時に、後に詳しく述べるが復讐心や恨みの誘惑からの解放でもある。

このような神の共感と共苦は、人間が神の像に造られたものであり[7]、神の命の息を吹き込まれて生きた者となったということにも基づく[8]。つまり、神と人間との間には絶対的断絶ではなく、また絶対的同一性でもない、神と人との連続性があるのである。

第三節　イエス・キリストの受肉の意味

著者は、前節でイエス・キリストの十字架の死は、神の言葉に従って生きる人間の生き方が、もっとも純粋な形で結晶化した形で表されたものであると述べた。それはたしかにそうなのであるが、イエス・キリストの神の言葉に従う生き方は、イエス・キリストのご生涯の全体を通して言えることである。それゆえに、神の「救い」は十字架の死のみに収斂すべきではない。むしろ、神の独り子が人となって、この地上で具体的な生を営まれたということの全体像が重要なのである。と言うのも、人が神の「救い」に与るということは、単に法的に義と認められるということではなく、イエス・キリストによって現れ出た「神の王国」という新しい場所に、新しい生の場が与えられ（新生）、そこにおいて具体的にイエス・キリストのように生きることだからである。それゆえに、イエス・キリストの受肉も、イエスキリストの十字架の死と同様に神の救いにとって重要なファクターとして注視すべきである。実際、東方教会の伝統、そして古代教父たちも受肉を重視する。

東方教会の伝統においてイエス・キリストの受肉が重視されるのは、そこにエイレナイオスによって提示された「神が人となられたのは人が神となるためである」という主張が、東方教会の伝統における救済論の命題化された中心的主題としてあるからである。先にも述べたように「人が神となる」ということは、人間がその本性において神になるのではない。人間本性はあくまでも人間の本性であるから人性のままである。その人間に永遠の命といった神の属性が与えられ、生命的・実質的変化が起こるというのが、この「神が人となられたのは人が神となるためである」という命題が言わんとするところである。

このような人間に神の属性が与えられるということは、何も東方教会の伝統が独占的に持つ神学思想ではなく、宗教改革の思想の中にも見ることができる。たとえば、宗教改革の中心的な神学思想である「信仰義認」も、神の義が、罪びとである人間に与えられることであり、罪びとである人間に神の義という衣が着せられることである(9)。それは、まさに義という神の属性に人性が与ることにほかならない。もっとも、このような義の衣が着せられるという理解は、人間の本性が義となるということではないので、その意味では完全な意味で人間の本性が義となるのではなく、人間の本性は罪びとのままである。したがって、ルターの信仰義認論においては、人間の本性が義となるのではなく、形式上、人間は義とみなされるのである。

それに対して、先に見たようにウェスレアン・アルミニウス主義における「聖化」は、まさに人間の本性が「聖」なる人性となるのであって、「聖」という神の属性が人性に与えられることであった。そこには、実質的な人間の本性の変化（未完成なものが完成する、つまり、神の像が神の似像として結実すること）が意識されている。いずれにせよ、実質的変化である「聖化」の教理も、また形式的変化である「信仰義認」の教理も、その思想的バックボーンには、「神が人となられたのは人が神となるためである」という東方的なものが垣間見られるのである。

このように、神がその属性を人間に与えるのは、神が人間を創造するにあたって、人間を神に似せて造られたからであり、その根拠は「神は言われた。『我々にかたどり、我々に似せて、人を造ろう。そして海の魚、空の鳥、家畜、地の獣、地を這うものすべてを支配させよう』」（創一・二六）という記述にある。すなわち、神が人間を神の似姿に造られたということは、神の持っておられるものを、神が我々にお与えになるということであり、神の属性が、その神の創造の意志に従って我々に与えられると解されるのである。

この神が創造の意思に従って人間に与えられる神の属性は、受肉したイエス・キリストにおいて完全なかたちで存在し表される。「わたしと父とは一つである」（ヨハ一〇・三〇）や「わたしを見た者は、父を見たのだ」（ヨハ一四・九）、あるいは「わたしが父の内におり、父がわたしの内におられると、わたしが言うのを信じなさい」（ヨハ一四・一一）というイエス・キリストの言葉はそれを端的に表し

ている。また、

この唯一のキリスト、御子、主、獨子は、二つの性により（二つの性において）まざることなく、かけることなく、分けられることもできず、離すこともできぬ御方としてみとめられなければならないのである。(10)

というカルケドン信条の命題は、そのキリストの言葉に対する教会の歴史的応答であり、イエス・キリストが全き神であり、かつ全き人であるということに対する我々の歴史的信仰告白である。

このように、神性と人性がキリストにおいては人性が神性を帯び、神性が人性を帯びるという属性の交流が起きている。「二つの性により（二つの性において）まざることなく、かけることなく、分けられることもできず、離すこともできぬ」からである。そして、それは、「我々にかたどり、我々に似せて、人を造ろう」（創一・二六）と言われる人間の創造の完成した姿であり、イエス・キリストの受肉に神の創造の業の完成は、完全に先取られて表されている。それゆえに受肉したイエス・キリストの生涯は、我々の模範であり、目指すべき目標である。

ところで、人間が「救われる」ということは、創造の完成という開かれた歴史観に立つとしても、あるいは創造の状態への復帰というシンメトリーな歴史観に立つにしても、神の創造の業において「これを見て、良しとされた」（創一・二一）といわれる状態の人間の姿になることである。それがイエス・キリストにおいて完全に先取られているとしたならば、「救い」は、イエス・キリストの受肉において完成している。

たしかに、イエス・キリストの十字架の死は、神の御子の犠牲によって罪が贖われることであるが、その贖いは罪と死に対する完全な勝利によってもたらされる贖いである。しかし、十字架の死だけが「救い」の出来事として捉えられるべきではない。というのも、神によって贖われたものは、キリストのようになることによって救いが完成するからである。それゆえに、神の「救い」は、十字架の死に対する信仰だけでなく、受肉に対する信仰も求められる。そして、その受肉に対する信仰は、その生き方、すなわちキリストに倣う生き方の中で表されるものなのであり、全き人であり全き神であるイエス・キリストの栄光に与る生き方なのである。だから、イエス・キリストの受肉は、単に十字架で死なれるために神が人となったということではなく、十字架の死によって贖われたもの、その救いを完成するための模範として先取られた神の創造の歴史の完成のためなのである。

ところが、このような受肉の重要性にもかかわらず、西方教会の伝統においては、このイエス・キリストの受肉は、不当に低く評価されてきた。それは、十字架という出来事に向かう前段階でしかない。そこには、救いの全体像が原罪および具体的に犯した罪（具体的な行為に至る前の思いも含む）に赦しが与えられることとして捉えてきたことが原因として挙げられるであろう。つまり、西方教会の伝統は、イエス・キリストの十字架の死を免罪のための償いの業として捉えてきたのである。

では、なぜ西方教会の伝統に罪の償いという視点が、根深く根ざしてきたのだろうか。これに対しては、K・G・アッポルドの興味深い研究がある。アッポルドは、個人の告解と贖宥はケルト人宣教師によって、ゲルマン人の慣習法であった「血の価」(wergeld)を反映させながら考えられ広まったものであり、数世紀にわたる論争を通じて告解の秘跡として定まったものであると言う。アッポルドによれば、犯した罪によって相手に与えた損害に対する賠償を伴う償罪は、すでに六〇〇年頃に書かれた『コルンバヌス悔悛規定書』に見ることができるという。この書の目的は、ローマ帝国後のゲルマン人社会が道徳的に崩壊し、古代教会にある形で存在した儀式化された告解や償罪が蝕まれた社会において、個人の規律を正し、社会の再形成を目指し、非キリスト教的行動を起こさないようにさせるためであったというのである。この場合の社会の再形成とは、社会の価値観や態度を変えることである。(11)

償罪という概念と行為が、このような意図をもって始まったのであるとするならば、それは、単に罪を償うということ以上に、キリスト者の生き方を整え、神にふさわしい生き方へと導こうとする倫理的視点から起こったものであり、教会という共同体社会の中においてもその共同体の成員の間の関係に修復(和解)をもたらす働きを持つ。だから、イエス・キリストの救済の意図から大きく外れたものでなく、むしろまだその意図内にはあると言えよう。

しかし、アンセルムスの『クール・デウス・ホモ』(Cur Deus homo)によって、イエス・キリストの十字架の死は、我々の罪を償うものであるという司法的な位置づけがなされる。このことによってイエス・キリストの受肉は、神が人間の罪を担い十字架で死なれるために人となったというイエス・

キリストの謙卑として捉えられるようになる。つまり、神が人の犯した罪や過ちに対して「罪の赦し」を与えるために、罪びとと一体となられた行為であると受け止められたのである。このような理解は、アンセルムス以後の中世カトリック教会の神学に決定的な位置を占めるトマス・アクィナスにもある。彼は主著『神学大全』において、人間が罪（この場合の罪は原罪を指すと思われる）を犯さなかったならば、イエス・キリストの受肉は絶対的必然ではないとの見解を述べている。[12] トマスは、イエス・キリストの受肉は、神の救済のために適当なことであったと認めている。[13] また受肉は、神の救済において神が選びたもうたより良い、そしておそらく最善の方法であったとも言う。[14] だからこそ、イエス・キリストは受肉したのであるが、しかしそれは、あくまでも、罪の償いを中心にした「救い」のためであり、その救いにとって受肉は最高で最善ではあるが、人間の本性の回復にとっては唯一無二の絶対的必然ではないのである。[15]

けれども、これまで見てきたようにイエス・キリストの「罪の赦し」は、単に犯した具体的な罪の行為（あるいは思い）に対する「罪の赦し」ということではない。もちろん、それも含む。しかし、あくまでも、「罪の赦し」は本質的において神の創造の業の完成のためのものである。そしてイエス・キリストの受肉において、人間が神の属性に与り、神の子として神の似姿を形成し、人が神の子になった姿、すなわち「霊」の完全性が現されている。それゆえに受肉の出来事はイエス・キリストの栄光である。[16] そのうえで、「罪の赦し」は、人間の時間軸の中で、創造の業の完成に向かう歩みにおいての人間の罪に対するものだとも考えられないだろうか。

人間の「内にある罪」、それは人間の「本性」である「霊」と、「情念」である「肉」との関係が倒錯している状態である。その「霊」と「肉」との倒錯が乗り越えられていく歩みは、神の似像が形成されていく歩みでもある。その歩みは、人間の有限な時間軸の中で未完に終わるものではない。むしろ神の創造の業の完成に向かって開かれている「永遠」という神の時間軸の中で、救済の歴史として展開している。それは「罪の赦し」として現れ出てくる。その「罪の赦し」に与りながら、我々は完成に向けて「霊」と「肉」との倒錯によって起こる葛藤を一歩一歩乗り越えていくのである。そしてこの歩みの中に留まることなく進み続ける限り、神は、我々の罪を「赦し」、我々を見守ってくださる。この意味において、神は人間の親に類比されるところの父である。そしてその開かれた神の創造の時間軸の中で、「罪の赦し」は、絶えず神と人、人と人との和解の出来事の中に置かれている。したがって「勝利者キリスト」という神学的な十字架理解に立って「罪の赦し」が展開する救済論は、「罪の赦し」に基づく「救済論＝贖罪論」に対して贖罪論を包摂するより広い救済論でなければならない。

第四節　イエス・キリストの復活の意味

イエス・キリストの復活は、十字架の出来事と不可分である。たしかに十字架の死という出来事があるからこそ復活があるということからも明らかである。イエス・キリストの十字架の死の意味についてはすでに述べたとおりであるが、人間の「内側にある罪」に勝利すると同時に、我々を苦しめる

「外側にある罪」からの解放である。このようなイエス・キリストの十字架の死が持つ意味に対してキリストの復活が持つ意味は、その出来事が示す通り、死からの解放である。しかし、それは単純に肉体の復活のみを意味するのではない。そこには深遠な神学的な意味がある。それは神と人の関係の復活であり、人生が新しく物語られる出来事である。

パウロは「罪が支払う報酬は死です」（ロマ六・二三）と言った。それは罪によって死がこの世界にもたらされたからであり、人間はその死に絡めとられている。このパウロの定式に従って神の救いに関して言うならば「赦しが支払う報酬は和解である」[17]とでも言えるであろうか。すでに述べたように、神学的意味における死とは神と人との交わりの断絶であり、和解はその断絶した交わりの回復だからである。この和解は神と人との和解であるが、それはイエス・キリストの十字架の死によってもたらされたものである。それは、イエス・キリストの十字架の死と復活が、罪と死の法則が支配する「世（κόσμος）」に対して決定的な勝利をしたからである。つまり、イエス・キリストの十字架の死は、神の言葉に対する従順によって罪の支配に勝利するものである。

それに対して、イエス・キリストの復活は、死から蘇ることで、死の支配に対して決定的に勝利する。そして、この死に対する勝利のゆえに、罪と死が支配するこの「世」にあってもなお、人間は神の創造の完成に向かって生きる者となることができる。その生は、人間の時間軸の中にある死という出来事によって閉ざされる物語ではない。「復活」という希望によって、神の「永遠」という時間軸の中に紡がれる新しい生の物語が始まるのである。これが、神と人との和解の実体である。そのキリストの十字架の死と復活によってもたらされた神と人との和解について、ローマの信徒への手紙五章一〇節においてパウロは「わたしたちが敵であったときでさえ、御子の死によって神と和解させていただいたのであれば、和解させていただいた今は、御子の命によって救われる」と言う。

このときパウロは、「敵であったときでさえ、御子の死によって神と和解をさせていただいたのであれば」と言い、私たちがまだ神と敵対関係である段階にあるにもかかわらず、すでに神との和解が開けていると言う。これは、人間の側は神と敵対しているのであるから、神の側がイエス・キリストの十字架によって、和解の道を開いてくださっているということになる。この和解は、すべての人に対して開かれているか、神が選んだ特定の人に対してだけ開かれているかについては、カルヴァン主義とウェスレアン・アルミニウス主義の間には違いがある。前者は、有効召命を受けた選ばれた特定の人に対してと答えるであろうし、後者はすべての人に対してと答える。

この違いは、救いの始まりにおける「恵み」の問題である。宗教改革の伝統は、救いは「恵みのみ(sola gratia)」であり、人間の業を排除する。カルヴァン主義においては、この人間の業の徹底的な排除のゆえに、救いの出来事は神の絶対的主権の下でなされるものであり、現実にキリストを信じる信仰に至る者と至らない者がある以上、そこには神の絶対的選びがあると考える。そういった意味では、カルヴァン主義における予定の問題は、神の絶対的主権の延長線上にある問題であると言えよう。

それに対して、ウェスレアン・アルミニウス主義においては、神の救いの業に、人間の自由意志による応答という人間の関与を認める。すなわち、神は、すべての人を救いに導いておられ、救いに招いておられるのであり、人間はそれに応答しその招きに応じるか否かの自由な選択が問われているのである。もっとも、その応答の際の自由な選択の際に、聖霊の働きによって、全くニュートラルな選択ができるように、神の恵みが働いている（ウェスレアン・アルミニウス主義的な意味での先行的恩寵）[18]のであって、これによって「恵みのみ」が留保されている。

いずれにせよ、神の救いの業に人の意志的決断が関与するところから、ウェスレアン・アルミニウス主義の救済論に対して、神人協働説であり、セミ・ペラギウス的であるという批判がある。しかし、セミ・ペラギウス主義的であるという批判は、あくまでも西方教会の伝統の流れの中、とりわけプロテスタンティズムの立場から起こる批判であり[19]、そもそも東方教会的な視点からすれば、そのような批判自体が起こらない。というのも、セミ・ペラギウス主義的であるという批判は、その延長線上に西方教会の伝統において異端とされたペラギウス主義[20]が見据えられているからである。そのため、セミ・ペラギウス主義という言葉自体は、西方教会の伝統においては、異端的な響きを感じさせる。もとより、そのような意図を持った非難がその言葉の背後にあるのである。ところが、東方教会においては、ペラギウスを異端として断罪していない。その救済論が「神化論」によって形成されており、人間が神の似姿を形成する過程そのものが救いの業だからである。当然、そこには、人間が受肉したイエス・キリストのように変えられていくことが見据えられており、そこには人間の決断的な倫理的変化も含まれる。神の似姿に変えられるのであるから、その行いも神の似姿に基づく善い行いとなるからである。

ウェスレアン・アルミニウス主義においては、すべての人間が神に敵対しているにもかかわらず、神はすべての人間を和解へと招かれていると考えられる。そしてこの招きに応答することによって「和解を受けている今」という「今」の事実が起こるのである。さらに、御子の死によってもたらされた神との和解のゆえに、「なおさら彼のいのちによって救われるであろう」という救いの業の完成が、確かなものとして受け取られているのである。

このように、ウェスレアン・アルミニウス主義とカルヴァン主義との間には、誰が神の和解に与るのかという問題についての違いがある。しかし、そのような違いがある両者ではあっても、救いの業の完成は、将来のこととして受け止めていることには違いがない。そして、その将来の出来事がイエス・キリストの十字架の死と復活によって神との和解として先取られているのである。

ところで、神との和解は、イエス・キリストの十字架の死によってもたらされたものである。その十字架の死と復活は、先に述べたように罪と死とが支配するこの「世」に対する勝利であった。勝利をもたらしたイエス・キリストは受肉した神であり、それゆえに全き神であり全き人である。この全き神であり全き人であるイエス・キリストが十字架での勝利を勝ち得たのである。つまり、十字架の勝利は神と人と業であり、神と人との勝利なのだ。だからこそ、我々人間も、このイエス・キリストの十字架の勝利に与ることが可能となる。そして、この十字架の勝利で、神と人とが一つになったお方の存在が、我々に罪と死の支配に勝利を収めさせ、そのお方の復活が神と人との和解をもたらしているのである。だから、神が人となられた神の受肉は、神と人の和解のために絶対に不可欠なものだと言える。

考えてみると、和解とは争う間柄の中に起ることである。だからパウロが「敵であったときでさえ」（ロマ五・一〇）というその「とき」に、神に敵対する陣営に当然のことながら神はいない。それは先にも述べたが、まさに「神のいない世界」である「世（κόσμος）」であり、我々が住む世界である。それに対して神の陣営には、神がいる。それはまさにイエス・キリストにおいて実現している。こうしてみると、イエス・キリストという存在は、敵対する二つの陣営の境界線上に立つ存在であり、イエス・キリストの十字架は、この境界線上、すなわち戦線でおこった事件であり戦闘である。だからこそ、イエス・キリストは神と人との和解の仲保者となることができるのである。このように、イエス・キリストの復活は、我々に神との和解をもたらし、人との関係に新しい事態を生みだし、その人の生涯を新しい物語へと書き換えるのである。

第五節　イエス・キリストの昇天の意味

イエス・キリストのこの世界での生涯の最後を締めくくる出来事は、昇天である。十字架に磔にされて死んだイエス・キリストは、三日後に復活して四〇日間にわたって弟子たちに「神の国」について教えられた後、オリーブ山から弟子たちの見ている前で天に昇って行かれたと聖書は記す。

これは、使徒言行録に記されている記事だが、驚くことに、このイエス・キリストが天に昇って行かれたという記事は、使徒言行録にのみ記されている記事である。イエス・キリストの生涯を記した四つの福音書においては全く触れられておらず、わずかにルカによる福音書の二四章五一節で、キリストが離れていかれたという昇天を示唆する言葉があるのみである。もっとも、写本の中にはこの箇所に天に上げられたと記されているものもあり、邦語の聖書でも新共同訳や口語訳聖書などは、こちら側の写本を採用している。しかし、著者自身は、この「天に上げられた」という言葉は、後代の加筆であると考えるのが妥当であろうと思っている。それは、ルカによる福音書と使徒言行録とが同じ著者であり、両者の間に連続性があることを考えると、後代に両者の関係性を考えてルカによる福音書二四章五一節に「天に上げられた」と加筆し、整合性を持たせたと考える方が、より合理性があると思われるからである。

また、仮に、ルカによる福音書の原典に「天に上げられた」という表現があったとしても、他の三つの福音書に昇天の記述がないことは、依然として不可解である。人が天に昇っていくという出来事は、極めて衝撃的な出来事であり、人の記憶に強く残される出来事である。その記述が全くないのは、極めて不可解である。

著者はこの不可解な現象をもって、イエス・キリストの昇天の記事は創作であるとか、その歴史的な史実性を否定しているわけではない。また否定する必要もない。たしかに史実ではないという可能性もあるであろう。しかし、問題はそこにはない。著者の基本的立場は最初に述べた通り、聖書は神の言葉であるという聖書信仰に立つ立場である。そのような視点から見るとき、聖書において、この昇天の記事を使徒言行録に記したのも神の業であり、福音書から除外したのも神である。それゆえに、この不可解な現象の背後には神の何らかの意図があると考えるべきであろう。問題はその意図が何であるかである。

イエス・キリストが天に昇って行った出来事そのものは象徴性がある行為である。イエス・キリストの時代に生きた人たちの宇宙観では、大空の上には神の世界である「天」があった。その天に昇るということは、イエス・キリストが神の世界に去って行かれたということを示す象徴的行為としての機能を果たしている。また天に昇られることによって、まさに「目で見ることができなくなる」のである。しかし、そのような象徴性以上に注目しなければならないのは、福音書がこの昇天の出来事に関心を示さず、使徒言行録のみが関心を示しているということである。

人が天に昇るという事態は、尋常ではない出来事である。それに対して、福音書が何も記していないのは、受肉した神の子がいかに生きたかに福音書の目的が置かれているからである。降誕も、十字架も、復活も、まさにその受肉したキリストの生である。しかし、使徒言行録は教会が始まり、教会がいかに宣教していったかを伝えることが目的であるため、その冒頭にこの昇天が物語られるのである。

聖書においては、人が生きたまま天に昇るという出来事が、イエス・キリスト以外にもある。それは決して多くはなく、わずか二人だけだが、しかしたしかにいる。エノクとエリヤである。

その中で、エノクについて言えば、創世記五章二四節が、アダムの系図を書き記す中で「エノクは神と共に歩み、神が取られたのでいなくなった」と伝えているが、天に昇ったということを言っているのかどうかは定かではない。ただ、ヘブライ人への手紙一一章五節にエノクは天に移されたと記してあり、エノクが天に昇ったという出来事を示唆するだけである。おそらくこの背後には、エノクについての伝説的物語があると思われるが、エノクの昇天の出来事とイエス・キリストの昇天を結びつける聖書記述上の直接的接点は見出せない。

しかしエリヤの昇天の物語には、キリストの昇天の出来事に重なる要素が見られる。それは権威と力と使命の継承である。聖書は、単にエリヤが天に昇ったという物語を伝えるだけでない。そこには、エリヤの昇天の物語を用いながら、その背後にエリヤの権威と力と使命がエリヤからエリシャへ受け渡されるという権威と力と使命の委譲と継承の物語がある（王下二・一―一五）。

エリヤが天に上げられた後、エリヤの外套がエリシャに残される。この外套は、エリヤとエリシャの別れの場面の直前にエリヤがその外套でヨルダン川の水を打ち、水を二つに割ってヨルダン川を渡った外套である。エリヤが水を左右二つに分けたという物語はモーセの紅海渡歩やヨシュアのヨルダン渡歩の物語を彷彿させる。実際、この水を分けるという出来事は、神の人と呼ばれるエリヤの力と権威と使命が委譲されたことを我々に教えるのだが、エリヤの川の水を二つに分けた行為によって、エリヤの預言者としての権威と力は、モーセからヨシュアに受け継がれていった神の人の権威であると、私たちに語りかけてくる。

エリヤの外套は、モーセからヨシュア、そしてエリヤと受け継がれてきた神の人の力と権威の象徴であり、エリシャは、エリヤの外套を受け継ぐことでエリヤの権威と力と使命を受け継ぐのである。エリシャがエリヤのように水を打つと、エリヤの時と同様に、水が左右に割れたことはそのことを象徴的に伝えている。

エリヤの昇天と神の人の権威と力と使命の委譲の物語は、イエス・キリストの昇天の物語において結実する。イエス・キリストの昇天の出来事は、この権威と力と使命の継承の物語である。キリストが、天に昇ることで見ることができなくなり、聖霊が下り、使徒たちは「キリストの体なる教会」を建て上げていく。キリストの肉体がこの世界にある限り、キリストの体は肉の制約を受ける。

つまり、復活したイエス・キリストの肉体は、この世にある限り世界中に遍在することはできず、ただ地球上の特定された一箇所に縛られて存在しなければならない。「キリストの体」が天に昇ることで、「キリストの体」は「キリストの体なる教会」として世界中に遍在することが可能となったのである。その「キリストの体なる教会」が、エルサレムから始まり、世界中へと広がっていったことを伝える物語が使徒言行録である。そのような中でイエス・キリストの昇天の物語は、イエス・キリストの力と権限と使命が「キリストの体なる教会」に委譲され受け継がれてきたことを示す委譲と継承が意図されている。それゆえに、キリストの昇天は、この世界におけるキリストの業の終わりではなく、イエス・キリストが再び来られる日に向かって、この世界における神の国と、キリストの業が教会へと継承された「キリストの体なる教会」の始まりの出来事なのである。

第六節　聖礼典のキリスト論的な意味

イエス・キリストがもたらす「救い」の出来事は、罪を償うことではなく、罪と死の支配から解放する神の贖いの業である。その解放は、単に罪に赦しを与え、罪から解放するということで終わることはない。神の恵みの支配する場所へと移り住まわせ、そこにおいて、「義」や「聖」や「永遠」といった神の属性に我々を与らせ、神の子とする。つまり人間を人間たらしめる人間の本性に立ち帰らせる。このような神の「贖い」の業が「罪の赦し」の内容であり、それこそ贖罪という神の「救い」の業である。そしてこの神の「救い」の業の全体像を、一つのプロセスとして捉えて言葉化したのが、「神化論」と言うことができよう。

この神の「救い」の業に与ることができるのは、我々人間がイエス・キリストと一つに結ばれ繋がれることによってである。だから救いはatonement（一体となること）である。我々は、イエス・キリストが十字架の死に至るまで神に従順に生きられたことにより、罪と死の支配から解放され、教会という神の民の交わり（共同体）の場に移り住む者となった。その教会は「キリストの体」である。だから、教会という共同体を生きる場所と定めた者は、罪と死の支配する場所であるこの「世」という世界に死に別れる。そして、神の恵みが支配する「キリストの体」の内（ἐν Χριστῷ）に移り住むのである。このように、「救われる」ということは「キリストの体なる教会」と深く結びついている。こうしてみると、教会（ἐν Χριστῷ）抜きの「救い」はあり得ない。教会抜きの救いは、キリスト抜きの救いだからである。

パウロは、聖書において ἐν Χριστῷ という言葉をしばしば用いる。そしてこの ἐν Χριστῷ という言葉をパウロが多用するところに、パウロの神秘主義的性質の一面が表れていると言われる。しかし、そのパウロが、教会は「キリストの体」であるというのだ。だとすれば、パウロの言う ἐν Χριστῷ とは、単なる神秘主義的意味合いではなく、むしろ教会論的な意味をもって、ἐν Χριστῷ と言っている可能性は十分に考えられる。そして、教会が「キリストの体」であるとするならば、キリストと人との神秘的一体である ἐν Χριστῷ は、パウロ個人の内的・主観的な神秘経験の上にあるのではなく、教会という存在それ自体の中にあると言うことができよう。つまり、仮に、パウロの ἐν Χριστῷ という言葉に神秘主義的ニュアンスが汲み取れるとしても、人がキリストと結ばれる ἐν Χριστῷ という出来事の神秘は、「キリストの体」であると言われる神秘的存在である教会に繋がることによって起こると考えられるのである。

人とキリストが結ばれて一つになるという神秘的な出来事は、洗礼によって担保される。というのも、洗礼はキリストの体なる教会への入会儀礼という意味をも持つからである。[21] 一般的な洗礼の意味について、古代教会の理解では、古い自己に死んで、新しく生まれるという死と再生の、目に見えるしるしとして捉えてきた。しかしそれは、「受洗者は洗礼によって、キリストとともに葬られ、キリストとともに復活できる」[22] という理解の下での死と再生であり、そこにはキリストとの結びつきが強く意識されている。

J・A・ユングマンは、このような死と再生という洗礼理解のほかに、洗礼において人はサタンの陣営（という場所）から離れて、キリストの陣営（という場所）に移され、キリストの旗下に入ること であるという理解があったとも言う。[23] 一六世紀初頭のエラスムスにもそのような理解が見られる。[24] このような洗礼理解には、明確にイエス・キリストとの結びつきに対する意識が見られる。だからこそ、洗礼は、キリストの体なる教会の入会儀礼という意味を持つのである。[25] このように洗礼は、その「キリストの体」の内に私たちが迎え入れられ、キリストと一つにされるという「神の救いの業」における神秘を核とする礼典である。だから、基本的には洗礼なしに人は救われない。[26]

もっとも、古代教会の洗礼の理解には、先に述べた死と再生という理解以外にも多様な理解がある。たとえば、古代のシリア教会の教父たちは、洗礼は楽園（という場所）への再入であると考えていた。[27] あるいは、ユングマンによると、初期の教会の洗礼理解は死から生への移行という理解と共に、「洗礼において、キリストの光が受洗者の上に輝き出す。一つの火花が飛び散り、彼らの魂から暗闇を追い払う」[28] というイメージがシンボルとしてそこにあったと言う。このような洗礼の理解は、彼らの魂から暗闇を追い払うというのであるから、そこには「魂の浄化」すなわち「罪の清め」という理解があったと見ることができよう。というのも、ユングマンはユスティノスの『第一弁明書』にある礼拝に関する記述で、礼拝の時に行われた「平和の接吻」において、「信者が未信者と接吻を交わすことが赦されていなかった。『彼らの接吻はまだ清くない』といわれていたからである」[29] と述べているからである。この信者と未信者の区別は洗礼に基づくものである。つまり、洗礼を受けた者は清くされた者であり、未信者はまだ清くないという理解がそこにあったということになる。とすれば、洗礼に「罪の清め」という意義を認めていたと考えられるのである。(30)

しかし、初期の教会の段階で、すでに洗礼が教会という神の民の共同体に参入する入会儀礼であると理解され受け止められていたことは間違いがない。というのも、先に紹介したユングマンの言葉にあるように、初期の教会の礼拝の交わりにおいて、互いに接吻することが勧められているからであり、その区別が洗礼に基づくものだからである。このように洗礼が教会への入信儀礼であるということは、洗礼を通して人は「キリストの体」の内に参入(ἐν Χριστῷ)し、神の王国であるイエス・キリストと一つに結ばれる(atonement)と考えられていたことを意味する。それは罪と死に勝利したキリストに結ばれることでもある。そして、そのようにキリストと一体になるからこそ、我々人間もまた罪と死に勝利をし、その我々を支配していた罪と死の法則から解放されるのである。

このように洗礼がイエス・キリストと一つにされるという神秘的な合一を目に見える形で表しかつ担保するものであり、人を罪と死の法則が支配する場所から神の恵みが支配する場所へと導き入れる行為となる。具体的なこの世の表れとしては、神の民の群れである「キリストの体なる教会」へ移し再生させることである。だとすれば、聖餐は、その新しい場所に移し替えられ再生した命に関することであり、かつキリストによる新しい契約の想起であり存続である。

この聖餐と再生した命の関わりについて、我々はヨハネによる福音書六章にまで遡ることができる。

このヨハネによる福音書六章は五〇〇〇人の給食の奇跡を契機としてイエス・キリストが「天から降ってきた命のパン」（ヨハ六・三一―三五参照）と宣言なさる場面である。この場面それ自体は、後の聖餐に関わる出来事として捉えることができる要素は見られない。しかし四三節から五一節のユダヤ人のつぶやきに対するイエスの答えは聖餐を暗示するものとなっている。特に、次にあげるイエス・キリストの言葉は、決定的に聖餐を想起させるものとなっている。

イエスは言われた。「はっきり言っておく。人の子の肉を食べ、その血を飲まなければ、あなたたちの内に命はない。わたしの肉を食べ、わたしの血を飲む者は、永遠の命を得、わたしはその人を終わりの日に復活させる。わたしの肉はまことの食べ物、わたしの血はまことの飲み物だからである。わたしの肉を食べ、わたしの血を飲む者は、いつもわたしの内におり、わたしもまたいつもその人の内にいる。生きておられる父がわたしをお遣わしになり、またわたしが父によって生きるように、わたしを食べる者もまたわたしによって生きる。これは天から降って来たパンである。先祖たちが食べたのに死んでしまったようなものとは違う。このパンを食べる者は永遠に生きる」。（ヨハ六・五三―五八）

ここには、「わたしの肉を食べ、わたしの血を飲む者は、永遠の命を得、わたしはその人を終わりの日に復活させる」という極めて終末論的響きがある。この終末論的響きの中で、天から降ってきたパンであるイエス・キリストの血と肉に与るということにより、イエス・キリストとの合一が、「わたしの肉を食べ、わたしの血を飲む者は、いつもわたしの内におり、わたしもまたいつもその人の内にいる」という言葉で確認されている。そしてそのイエス・キリストの合一の中でイエス・キリストと一つに結ばれた者は、「永遠のいのち」という神の属性に与りながら生きるのだということが示されている。それは、イエス・キリストがもたらす「救い」の内実を示すものであり、その言葉が聖餐を暗示し、それを想起させるものであるとするならば、聖餐は、我々がキリストの救いの内にあることを想起させる目に見える神の言葉のしるしであり、また永遠の命を養う真のいのちの糧なのである。

このことは、聖餐の起源が最初期のキリスト教会が行っていた「パン裂き」にあることからもうかがい知ることができる。この「パン裂き」は、ウォーカーが指摘するように、最後の晩餐の存続と記念である。[31] その最後の晩餐において、イエス・キリストの言葉は次のようなものである。

> 一同が食事をしているとき、イエスはパンを取り、賛美の祈りを唱えて、それを裂き、弟子たちに与えて言われた。「取りなさい。これはわたしの体である」。また、杯を取り、感謝の祈りを唱えて、彼らにお渡しになった。彼らは皆、その杯から飲んだ。そして、イエスは言われた。「これは、多くの人のために流されるわたしの血、契約の血である。はっきり言っておく。神の国で新たに飲むその日まで、ぶどうの実から作ったものを飲むことはもう決してあるまい」。
>
> （マコ一四・二二―二五）

この言葉は、先のヨハネによる福音書の言葉とほぼ重なり合うものであり、このことからもヨハネによる福音書六章五三節以下の言葉が最後の晩餐を暗示していることがうかがい知れるのである。さらに、この最後の晩餐に起源を置く「パン裂き」——のちに聖餐へと発展する礼典——は、パウロが「主から受けたもの」(一コリ一一・二三)として、弟子たちの間に受け継がれた聖餐の制定の言葉として語るコリントの信徒への手紙一、一一章二三節から二五節において再現されている。またパウロは、コリントの信徒への手紙一、一〇章一六節において、「わたしたちが神を賛美する賛美の杯は、キリストの血にあずかる(κοινωνία)ことではないか。わたしたちが裂くパンは、キリストの体にあずかる(κοινωνία)ことではないか」と述べ、この「パン裂き」が、「キリストの体」にあずかる(κοινωνία)ことであると述べている。

κοινωνία(コイノニア)は「交わり」を示す言葉である。ウィリアム・クロケットは、このκοινωνίαという語は、ギリシャ的背景においては、神と人との交わりを示すものであり、ユダヤ人においては人と人との交わりをなすものであると言う。そして、本来その両者はたがいに相反するものでそこに接点はないとも言う。ただ、クロケットは、ギリシャ的背景とユダヤ的背景を持つ、いわゆるヘレニスタイにとって、その両方の意味を兼ね備えた形でκοινωνία(コイノニア)という言葉を受け止めることができるとして、このパウロの言葉は、教会の信徒間の交わりと同時に、イエス・キリストとの霊的な交わりをも示していると主張する。(32) たしかに、クロケットが指摘するように、「パン裂き」はユダヤ的食事の定式であり、かつコリント教会はギリシャ的背景と深く関わっている教会である。また、パウロがコリントの信徒への手紙一、一二章で、教会が構成員の有機的なつながりの下で形成されたキリストの肢体であることを示している。つまり、「キリストの体なる教会」は、教会を構成する信徒の交わりの中に存在しているのであり、その意味で「キリストの体」に与るということは、この信徒の交わりに与ることを意味しているのである。しかし同時に、コロサイの信徒への手紙で「御子はその体である教会の頭です」（一・一八）と述べられている。この言葉をパウロに帰するか否かの問題はあるが、しかし聖書の全体性から考えると、聖書全体が語る教会像、すなわちキリストを頭とし、それに信徒の有機的な連なりであるキリストの肢体が繋がっているという「キリストの体なる教会」のイメージと符合する。

ここまでのことを取りまとめると、救済論における聖礼典のキリスト論的意味が浮き上がってくる。すなわち、我々は、洗礼においてキリストと共に死に、キリストと共に再生（新生）することでキリストとの結びつき、信者の有機的な結びつきによって形成される「キリストの体」なる教会の交わりの中に移り住まわされるのであり、聖餐において、教会という新しい生の場所に生きる者とされたことを繰り返し確認するのである。単に認識論的な確認ではなく、教会という共同体の食事の交わりをすることで、具体的かつ実質的にその共同体の中で生かされているのを経験し、キリストと共に再生した新しい神のいのち（永遠の命）に生きているということが、今も存続していると体験的に知り、確認するのである。

注

（1）エフェ一・二三。

（2）新約聖書において、教会を「キリストの体」として表現するものはローマの信徒への手紙、コリントの信徒への手紙、エフェソの信徒への手紙、コロサイの信徒への手紙の四つである。この中で真正パウロ書簡に属するものはローマの信徒への手紙、コリントの信徒への手紙の二つだけであり、特に、教会を「キリストの体」という表現をもって明記するのはエフェソの信徒への手紙であることを考えると、真正パウロ書簡をとる立場に立つ人にとっては、本書が「パウロが好んで用いた」という表現を用いることには違和感があるかもしれない。このような表現は、著者が福音派に属する牧師ゆえの表現である。しかし、真正パウロ書簡と第二パウロ書簡の立場に立つ人であっても、真正パウロ書簡とされるローマの信徒への手紙、コリントの信徒への手紙においても「あなたがたはキリストの体であり、また、一人一人はその部分である」（一コリ一二・二七）や「兄弟たち、あなたがたも、キリストの体に結ばれて律法に対しては死んだ者となっています」（ロマ七・四）と言われており、そこにはキリストの体としての教会という思想が見られることには同意できるであろう。だとすれば、パウロの著作でないとされる第二パウロ書簡であっても、パウロの名とその権威を借りつつ、パウロの思想を受け継ぐ形で「教会はキリストの体である」という表現を用いたとするならば、仮に真正パウロ書簡と第二パウロ書簡とを区別する批評的立場であったとしても、「教会はキリストの体である」という表現をパウロに帰することは十分に可能である。それゆえに、ここはひとまず真正パウロ書簡とされない第二パウロ書簡もパウロの著作として見て「パウロが好んで用いた」と表現する。

（3）カルケドン信条。キリスト教古典双書刊行委員会編『信条集　前後篇』（オンデマンド版）、新教出版社、二〇〇四年、七頁を参照。

（4）実際のアウレンの勝利者キリスト（G・アウレン『勝利者キリスト――贖罪思想の主要な三類型の歴史的研究』佐藤敏夫・内海革訳、教文館、一九八二年）には、悪魔の支配に対する勝利となっているが、ここでは、著者の考えに基づき、罪とその支配に対する勝利と読み替えた。それは、著者が悪魔のリアリティを信じていないということではない。著者は悪魔のリアリティを信じている。しかし、その悪魔が実際に人間を支配しているのは罪によってであり、人間側の視点からすれば、罪に支配され、その結果、死にも支配されているということになる。

（5）ルカ二三・四、ヨハ一八・三八、一九・四、一九・六を参照。

（6）A・J・ヘッシェル『イスラエル預言者　下』並木浩一監修、森泉弘次訳、教文館、一九九二年。

（7）創一・二七。

（8）創二・七。

（9）このような、神の「義」の理解は、ルターの理解であるが、前出のアウレンが『勝利者キリスト』で言わんとしていることは、まさにルターの神の「義」が着せられるという理解が、古典的贖罪論に属するものであり、ラテン型の贖罪論に対して極めて新しいラディカルな一面を持っていたということである。もっとも、著者は、アウレンが言うほど、ルターの理解がラテン型の贖罪論に対してラディカルであったかどうかについては疑問を感じている。たしかにルター自身に、キリストによる勝利が語られている言葉があることは事実である。それゆえに、ルターの贖罪論にはアウレンの言うように古典型贖罪論が断片的に見られるとしても、基本的にキリストの十字架の意義を償罪ということを中心に見ているからである。アウレンはこの償罪を従来のラテン型贖罪論の「神に対する償罪」から「神による償罪」とみるところにルターの断新さをみる（『勝利者キリスト』一三九頁）のであるが、それは結局、ルターの「救い」の構造には、私の罪が償われることによって贖われるというラテン型の贖罪論が色濃く残っていることを意味する。ルターの断新性は、その償いが一回限りのイエス・キリストの十字架の死によって完全になされていると捉えているところにある。だから、もはや人間が神に対して償罪のための犠牲をささげる必要がないということであって、カトリック教会における告解とミサの考え方に対してはラディカルな新しさをもたらしている。しかし、それでもなお、またそれゆえに著者は、ルターには十字架の死が神に対する従順であり、人間本性の完成という視点が見落とされているように思えるのである。

(10) 前出、『信条集　前後篇』七頁。

(11) K・G・アッポルド『宗教改革小史』徳善義和訳、教文館、二〇一二年、三四―三八頁、および八二―八五頁を参照。

(12) トマス・アクィナス『神学大全25』二五―二九頁の第三部第一問題第三項を参照。

(13) トマス・アクィナス、同書、六頁を参照。

(14) トマス・アクィナス、同書、六―七頁を参照。

(15) トマス・アクィナス、同書、一五頁を参照。

(16) ルカ二・一三、一四。

(17) ロマ五・一〇、一一、一一・一五、二コリ五・一八、一九、コロ一・二〇、二二。

(18) 先行的恩寵という概念はカトリック教会にもあるが、それはウェスレアン・アルミニウス主義のものとは異なる。カトリック的な先行的恩寵は、救いの業における人間の功徳と結びついており、義となる歩みの中で、神の恵みが注入され、人間が功徳となる善き業を行えるように支えるものである。

(19) なぜならば、中世カトリック教会の救済論もまた、人間の功徳や贖宥といった人間の行いを意識したものであり、セミ・ペラギウス主義的だからである。

(20) ペラギウス主義は、アウグスティヌスとペラギウスの間に行われた自由意志論争における、ペラギウスの主張に準ずる立場である。ペラギウスは、人間には神が与えた自由意志があり、それゆえに教育によって神の前に良き業を行うことができると考えたが、そうすると、論理的には人間は自力で神の救いにふさわしい存在に成り得るということになる。それは自力救済への道を開くことであり、原罪の教理やイエス・キリストの十字架の死を空しいものとする。それゆえヒエロニムスやアウグスティヌスから批判され、長い論争の末、四一六年のカルタゴ会議で異端の宣告を受けることとなった。

(21) W・ウォーカー『キリスト教史1　古代教会』竹内寛監修、菊池栄三・中澤宣夫訳、ヨルダン社、一九八四年、八六頁などを参照。

(22) J・A・ユングマン『古代キリスト教典礼史』上智大学中世思想研究所監修、石井祥裕訳、平凡社、一九九七年、九二頁。

(23) J・A・ユングマン、同書、九五、九六頁を参照。

(24) エラスムス「エンキリディオン」『宗教改革著作集2　エラスムス』金子晴勇訳、教文館、一九八九年、八一―一一頁を参照。

(25) J・A・ユングマン、同書、九七頁を参照。

(26) もちろん、洗礼という儀式そのものや、洗礼に用いられる水に何かしらの特別な効力があるというのではない。儀式はあくまでも儀礼であって、問われるべきはその儀礼が持つ本質的意味である。また日本という特殊な事情の下では、様々な障壁のためやむを得ず洗礼が受けられないという状況があることは否定しない。もちろん、それゆえに「洗礼なしには救われない」ということを定式化し、洗礼を受けたくても受けられない事情にある人や、洗礼に至らないで召された人の救いを例外なく除外すべきであるということではない。そして、そのような状況があることを鑑みると「洗礼なしには救われない」という言葉は少々乱暴であるかもしれない。やむを得ず洗礼が受けられなかったということは特殊な事態として受け止めることはできるであろうし、そのような状況にある人が、洗礼に至らなかったとしても、そこに神の救いがあると言うことはできるであろう。それゆえに厳格な意味においては洗礼なしの救いもありうる。しかし、そのような特殊な事例をもって、「洗礼なしの救い」を主張し、信仰があれば洗礼を受けなくてもよいというのは話が別であって、それは誤りである。例外を認めない定式化も誤りであるが、例外をもってそれを一般化することも間違っている。そもそも特殊な例をもってそれを一般化することは論理学上問題がある。救いにおいてキリストと一つに結ばれるのは極めて重要な要因であり、洗礼は、キリストとの一体化を担保するものであって、救いの歩みの中において、求め、目指すべき事柄である。

（27）St. Ephrem, *Hymns on Paradise*, Introduction and translation by Sebastian Brock, St. Vladimir's Seminary Press, New York 1990, p. 31を参照。そこにはBaptism is regularly understood by the early Syriac Fathers (and of course many others) as a re-entry into Paradise, an eschatological Paradise even more glorious than the primordial Paradise of the Genesis narrative（私訳「洗礼は通常、初期のシリアの教父たち、そしてもちろん他の多くの者たちにも、神の国に再入することであると理解されている。そして、再入する終末論的楽園は、神の創造の物語にある楽園よりも、さらに栄光に満ちたものなのである」）とある。

（28）J・A・ユングマン、同書、四二頁。

（29）J・A・ユングマン、同書、五八頁。

（30）N・ブロックス『古代教会史』関川泰寛訳、教文館、一九九九年、一三五頁を参照。

（31）ウォーカー、同書、五四頁を参照。なお、この「パン裂き」がウォーカーの指摘する通り、最後の晩餐の存続と記念であったとしても、それが過越の祭りの定式で行われたかどうかについては、前出のユングマンの書は疑問を呈する。ユングマンによれば、パン裂きを過越の食事の定式で行うには、過越の食事はあまりにも入り込みすぎており、繰り返し行うには適していないうえに、ユダヤ教においては過越の食事は年に一度行う以外には認められていないという理由による。そのうえで、「パン裂き」という初期のミサ形式がどのように行われていたか定かではない。推測ではあるが、コリントの信徒への手紙一を読む限り、通常の食事の形式で行われたのではないだろうか。

（32）ウィリアム・クロケット『ユーカリスト——新たな創造』竹村謙太郎監修、後藤務訳、聖公会出版、二〇一四年、四一—四三頁を参照。

第四章　救済論の新しい展望に向けて

第一節　「罪の赦し」はシェルターの入口か

「救い」は、神のいない「この世界」から、神が支配したもう「キリストの体なる教会」に移し変えられることである。しかし、今までの「救済論＝贖罪論」の構造では、ここに大きな障壁がある。それは認罪と罪に対する悔悛と「罪の赦し」である。「救い」が、罪びとたる私が犯した罪への裁きに対する赦しである限り、この障壁は避けて通ることはできない。つまり、教会という「キリストの体」に入るためには、この「罪の赦し」という障壁を見事クリアしなければならないのである。

この教会の入口に立つ障壁に対して、従来の「救済論＝贖罪論」においては、人間（単独）の力ではそれを乗り越えられないとして、イエス・キリストを信じる信仰によってはじめてこの障壁をクリアできると教えてきた。この場合の信仰とは、自分の罪を認め、その罪を深く悔い、そして、自力でその罪を償い罪の赦しをもたらすことができないことを認め、救い主であるイエス・キリストにより頼むことである。そのようにイエス・キリストを信じることによって、教会というキリストの体への入場券を手に入れるのである。

このような教会の入口にある障壁を、見事に文学的イメージの中で表現したのが、エラスムスの『天国から締め出されたローマ法王の話[1]』であろう。この書は、当時権勢をほこったレオ十世を揶揄しつつ批判した文書であるが、そのストーリーは、天国に従者を連れて来たレオ十世を、天国の門の門番をしていたペトロが、天国にふさわしくないとして追い返すというものである。話の内容自体は、権勢を誇り、自分の功績を誇るレオ十世に対し、そんなものは天国に入るのに何にも役に立たないということを、天国のカギを握る門番——それこそが法王が法王たる根拠なのであるが——であるペトロの言葉を通して示すものである。要するに、神の王国である天国の門番が、天国に入るにふさわしい者かどうかを調べ、ふさわしい者を天国に入れ、ふさわしくない者を天国から追い返すという描写が、まさに「救済論＝贖罪論」の持つ救いのイメージと重なっている。

というのも、従来の西方教会の伝統、中でもプロテスタント、とりわけ福音派の立場にある著者のイメージは次のようなものだからである。神の怒りが下す鉄槌である神の裁きというメガトン級核弾頭ミサイルの着弾に備えて、この「世（κόσμος）」に「救い」という堅固な壁で覆われた教会というシェルターが造られ、そのシェルターの入口にある小羊の血で鴨居が塗られた門があり、その前で、牧師が立っている、というものである。この門の前に立つ牧師が、教会に救いを求めてくる者に、「あなたは罪を認め、悔い改め（この場合の悔い改めは、罪を悔い回心するということ）、イエス・キリストの十字架が自分の罪のためであると認め、イエス・キリストを救い主として信じるか」と問い、「はい、信じます」と言う者に、「通ってよし」と言ってシェルターの中に迎え入れ、「信じられない」と言う者には、何とか信じるように説得しているイメージがある。もちろん「信じる」と言うまでは、入りたくてもシェルターの中に入れてはくれない。それは、「救い」とは「罪の赦し」であるという「救済論＝贖罪論」のゆえだからである。

しかし、牧師という仕事を、それも日本という異教の国で長年していると、教会に訪ねてくる人で自分の罪の問題で悩んで聞いてくる人はほとんどいないことに気がつく。直面している問題を罪の問題と結びつけて考える人もいない。少なくとも著者の経験の中ではそのようなケースはない。もちろん、著者も日本中の教会をくまなく調べたわけではないので「全くない」と断定することはできない。しかし、著者の周りではそのような話を聞くことがないので、おそらく「自分の罪深さに悩んで教会の門をたたいた」という人は極めてまれなのでないかと推測される。むしろ、教会にやって来る人の多くは、何かしらの悩みや苦しみをもって教会に来る。あるいは、家族や友人、知人に連れられて来るといったパターンである。

そもそも、キリスト教で言う「罪（ἁμαρτία）」とは、極めて宗教的な概念である。当然、キリスト教的背景を持たない日本という国において、そのようなキリスト教的な意味での「罪」などはもともとないのであるから、いわゆるキリスト教における私たちの「罪」で苦しむことはまずないと言ってもよい。仮に罪に苦しむという言葉で想像し得るものを考えるとしたならば、それは法を犯すという犯罪行為や、道徳を犯すとか、人道上の過ちを犯すといった良心の咎めによる苦しみである。これらは、すでに述べたように、キリスト教的な「罪」ではなく、むしろ「罪（ἁμαρτία）」が引きおこす五感で感じられる悪である。だから、罪と悪とはコインの裏表のように密接に結びつき一体化している。この罪と悪との一体化のゆえに、伝道をするときには、そういった五感で感じられる悪と罪を結び付けながら、「罪―神の裁き―キリストの罪の償いによる救い」といった法的概念を用いながら、罪びとであるという認罪に導く。それが日本人を説得するには一番わかりやすいからだ。そしてその上でイエス・キリストを救い主として信じることで得られる、「罪の赦し」へと導くのである。

そういった意味では、我が国における伝道とは、人の知性に訴えかけ、かつ情感に訴える一種の説得作業である。しかもそれは、「罪（ἁμαρτία）」という概念も「救い」という概念も持たない人たちに、教会員や牧師との交流の中で個人伝道の時を持ち、聖書を学びながら、説得する壮大な説得作業である。そしてそうやって、人に教会という神の王国への入場切符を手渡し、それを受け取った人は、「キリストの体なる教会という共同体」に参加していくのである。

著者は、そのような壮大な説得作業を否定する者ではない。それも、イエス・キリストによる神の「救い」の業に与る一つの道であろう。何よりも、人間の知性に対して筋が通ってわかりやすい。だからそれはそれでよい。しかし、すでに見てきたように「救い」の本質は法的概念ではなく場所的概念である。だとすれば、法的概念によって救いの出来事を語り説得する手法は、本来は場所的・位置的概念である救いの問題を人間の知性に訴えるという、知的な類比のひとつでしかない。それは有効ではあるかもしれない。しかし救いの全体像を表してはいない。

すでに述べたように、我々が住む世界は「神のいない世界」である。その「神のいない世界」には神が不在なのであるから、様々なものが、本来神がいるべき場所に「我こそ神なり」と居座っている。そこに金が居座ると、金がマモンとなり経済至上主義のマモン教の世界が生まれ、人間は労働力として非人間化されてしまう。まさに効率と成果、そしてコストという数字によって抽象化され、搾取される支配されるのである。また、神の座に人や人の考え（思想）が座ると、独裁的な社会が起こり、そこにも支配と抑圧が起こる。

たとえそこに入るのが民主主義という思想であり、民主主義とは多数決と少数意見の尊重であると言っても、結果として多数決を採用する限り、そこには多数者の持つ、少数者への無言の抑圧がある。あるいはそれは、健康という我々にとって自明の価値と思われることであっても、それが何よりも大切な絶対的価値として神の座に就くならば、健康は健康を損なっている人を疎外し、抑圧し、苦しめる。このような「神のいない世界」では、疎外や搾取、そして虐げや抑圧こそが、「神のいない世界」において我々に苦しみをもたらす「外側の罪」となるのだ。我々は「個」たる私の内側の罪によってだけ苦しむのではなく、「外側の罪」から来る様々な苦難や苦悩によって苦しむ。

神の「救い」とは、その苦悩や苦難がある「神のいない世界」からの解放であり、神がおられ、神の恵みが支配する神の王国へ移り住むことである。キリストは、その「神のいない世界」に受肉され、神の恵みが支配する世界である神の王国そのものをご自身の存在と生涯を通して提示した。そして、その十字架の死と復活を通して、罪と死が支配する私たちが生きている「今・ここで」の「神のいない世界」に打ち勝ち、我々をその世界から解放して、この「神のいない世界」のただ中に、神の恵みが支配する「キリストの体なる教会」を建ててくださったのである。

解放の業としてのイエス・キリストによる「救済」は、単に罪びとである私の「罪の赦し」に留まるものではない。それはこの「世」にあって虐げられ、抑圧され、悩み苦しむ私という全存在を、その虐げや抑圧がもたらす苦しみからもすくい取る包括的な「存在の救い」なのだ。その「存在の救い」は、人を苦しみの場から神の恵みの支配する場所である「神の王国」へ招き入れる。それがイエス・キリストがもたらす「救済」である。では、我々が今まで救いのすべてとして捉え、福音のすべてとして受け止めてきた「罪の赦し」は、その「救い」の業においてどのように位置づけられるのか。「罪の赦し」は、神が私たちの罪に対して下す怒りの鉄槌である「神の裁き」から身を守るためのシェルターの入口ではない。むしろ「キリストの体なる教会」の中で起こる出来事である。それゆえに「罪の赦し」は、「この世界」ただ中にある「キリストの体なる教会」の入口における教会に入るための条件ではない。なぜならば、「罪の赦し」は罪と死に対する勝利の結果として得られるものであり、この罪と死に対する勝利はキリストと一体となることで得られるものだからである。だから、我々は、罪が赦されたからキリストと一体になるのではない。むしろキリストと一体になったがゆえに、キリストの勝利に与り罪の支配から解放されるという「罪の赦し」の出来事が起こるのである。にもかかわらず、西方教会の伝統、とりわけプロテスタンティズム、中でも福音派における「救い」は、「救い」を「罪の赦し」として理解し、それを主題化し、「救済論＝贖罪論」として語ってきた。

そして、「罪の赦し」こそがイエス・キリストの語る福音の全体像として語り、「罪の赦し」を、神の裁きを免れるためにシェルターの入口に置いてきた。「罪の赦し」を得て初めてシェルターの門をくぐることができると言うのである。しかし、そこに西方教会の救済論の重大な欠陥がある。

もちろん、西方教会の伝統においても、「外側にある罪」から来る苦難や悩みに対する癒しや慰めといったものは語られるであろう。しかしそれは、「罪の赦し」というシェルターの入口へと導くという目的のための手段としてである。

もっとも、西方教会の伝統においても、ウェスレアン・アルミニウス主義の「聖化論」のように、「救い」を人間存在の中に起こる全体的変化として捉え、その欠陥を克服する契機となるような神学思想が見られないわけではない。それは東方教会の伝統の救済論である「神化論」に通じる。それは、「救い」を単に「罪の赦し」に限定するのではなく、一つの人間形成の過程として捉える救済論に近いものであり、西方教会の伝統の中で、それが持つ重大な欠陥を克服し、より広い救済論的視野を展開する可能性を秘めている。それでもなお、現状は「個」たる私の人間形成という個人的な「救い」にとどまっている。したがってその視線は、自分の内側に向けられ、「自分の内側にある罪」の問題にとどまっており、「外側にある罪」から来る悩みや苦悩といった問題は、救済論の主題にはされない。それが、被造物の救いという自然や社会を巻き込んだ宇宙論的な救済論に至るまでの視野の広がりを、西方教会の伝統、とりわけプロテスタントの中に見出すことを困難にしている。

こうして見ると、東方教会の伝統に見られる救済論は、西方教会の伝統が持つ救済論の欠点に対する修正点を示しているように思われる。しかし、その東方教会の伝統における救済論も完全とは言えない。というのも、「今・ここで」の私が苦悩する「外側にある罪」からくる苦難や苦しみの問題、とくに抑圧や虐げといった問題に対しては十分に語られていないからである(2)。

第二節　「存在の救い」の神学史——社会的福音と解放の神学

西方教会の伝統、とりわけプロテスタンティズムは、我々の「外側にある罪」からの救いを救済論において主題化してこなかったが、しかし、全くなかったというわけではない。たとえば、ウォルター・ラウシェンブッシュの社会的福音（Social Gospel）やグスタボ・グティエレスの解放の神学などは、「外側にある罪」の問題を真正面から救済論の問題として取り上げている。ラウシェンブッシュはプロテスタントであり、グティエレスはカトリックであっていずれも西方教会の伝統である。ラウシェンブッシュは、二〇世紀初頭のアメリカにあって経済における搾取と貧困の問題の中にあえぐ人間の苦悩と悲惨さに対する救いを、社会が改善されていく期待の中に見、それに神の王国を重ね合わせ、そこに神の王国の到来と形成を見ていったものである(3)。また解放の神学は、グスタボ・グティエレスに主導され、二〇世紀半ばに始まった。中南米の政治的な抑圧と支配に苦しむ民衆の解放を、モーセの出エジプトの出来事をモチーフとして救いの出来事として捉え、実践していこうとする救済論的試みである。

このような、ラウシェンブッシュの神学的主張や解放の神学における神学的実践は、目の前にある現実世界にある「外側にある罪」による苦難や苦しみ、そして痛みに向き合う中で生まれてきたものであり、その着眼点と問題意識は、本書の視点から言えばそれなりに評価できるものである。しかしその主張は、経済な問題や政治的・社会的抑圧に特化された問題に焦点が当てられており、いずれもその特化された問題から展開された神学となっている。それゆえに、その主題は断片化され、黒人の神学や女性の神学、あるいは民衆の神学といった形で、さらに細かな範疇に分断されて継続的に取り扱われている。それは、社会的福音も解放の神学も、もともとが特化された問題に注視し、そこから発生したものであることを考えると、その性質上当然の成り行きと言える。その意味では、社会的福音も解放の神学も、もともと人間存在の全体性を取り扱うべき全人的なものであったはずのものであるが、しかしそれが、応用（キリスト教）倫理学的なもの、あるいはあえて造語していうならば「応用神学的なもの」に変質してしまったように思われる。

そういった理由もあったためか、社会的福音や解放の神学の主張は、十分にインパクトを与えたが、結果として、キリスト教の世界全体から見れば必ずしも決定的な広がりとなったわけではない。むしろカトリック、プロテスタントの主流的な立場からも距離を置かれた。もちろん、ローザンヌ運動に見られるように、福音は人間全体を包む包括的福音であると捉える動きもあり、それはさらにケープタウンコミットメントとしてより洗練化されている。(4) それは社会的福音ともまた解放の神学とも連動可能なものであり、それとして評価できる。しかし、現実にはそれは福音派の諸教派においては、いまだ社会的福音も解放の神学も全く顧みられていないというのが実情である。

その理由については、いくつかのことが考えられる。社会的福音に関して言うならば、ラウシェンブッシュの主張は、この地上での神の王国的福祉社会の建設を目指すものであるが、それは、必ずしも教会の中にあるのではない。むしろ教会の外にある社会である。それゆえに、教会は、この「世」に神の王国的福祉社会が建設されることに参与する存在であっても、それは神の王国そのものではない。それに対してJ・ストットは、「神の王国は、キリスト教化された社会と同義とみなすことはできない」[5]と言って、ラウシェンブッシュを批判する。ストットの批判はおおむね的を射ている。なぜならば、神の王国はイエス・キリストの内にある全き神と全き人との関係の中に表された神の恵みの支配であり、イエス・キリストの「からだなる教会」という共同体の中に現れるものであって、神の王国は教会の外にあるものではないからである。

つまり「世（κόσμος）」にあっては、キリスト抜きの神の王国は考えられないのである。それはこの「世」というものがキリストに敵対するものだからである。またイエス・キリストの十字架の死が、この「世」に勝利し、この「世」の中に教会という神の国を打ち建てられたのではあるが、その神の国は、いまだ完成には至っていない。つまり「すでにといまだ」の緊張関係にあるのである。

ストットの社会的福音に対する批判は、この点を鋭く指摘している。つまり、社会的福音においては、社会そのものにおいて神の王国の建設を目指すために、「神の王国」がキリストの内側（ἐν Χριστῷ）に存在するというものではもはやない。そこで問われている中心的な事柄は教会の外側にある物質的な救いのみであり、霊的な事柄は背後に退いてしまう。

しかし聖書は、「貧しい人々は、幸いである、神の国はあなたがたのものである」（ルカ六・二〇）と言い、かつ「心の貧しい人々は、幸いである、天の国はその人たちのものである」（マタ五・三）と言う。だとすれば霊的な事柄のみに集中し物質的な側面を疎かにする過ちと同じように、その対極にあって、物質的な事柄のみに集中して霊的な事柄を疎かにすることもまた過ちであると言わざるを得ない。もちろん、物質的な事柄のみに集中して霊的な事柄を疎かにするとき、そこではキリストに与る（κοινωνία）ということも、キリストと一つになる（ἐν Χριστῷ）こともできないのである。結局、人間は罪と死の法則から解放されない限り、いかに社会的な解放がもたらされても、別の新たな支配者が現れる。

また、解放の神学についても、いくつかの問題点を指摘することができよう。とりわけ、解放の神学も、それが断片化され主題が細分化されていくにつれ、そこにあって苦悩する「個」たる私は、「黒人」「女性」「民衆」というものに一般化されてしまっているという点を指摘したい。そして、そのような断片化と細分化との過程で、本来そこにあった一人一人の生きる苦悩が、差別や権力構造における抑圧といったものに抽象化され、あたかも階級闘争的な色彩を帯びてしまっている。そうすると、かけがえのない「個」である私という存在の持つ苦悩は、帰属する階級の問題となり、結局のところ、その「個」たる「その人」の「生」がもつホリスティックな苦悩は捨象され見落とされていってしまう。これはポスト・コロニアリズムにも通じる問題である。

そしてこれが、最も重要な問題点なのであるが、このような社会的福音や解放の神学の問題意識が、社会的不正や不公正に対する義の概念から出ているのか、虐げられている者に対するイエス・キリストにある「隣人愛」から出ているのかの違いである。仮に前者だとすると、それは一種の階級闘争的な視点からの社会変革を目指す戦いとなる。しかし後者だとすると、それはあくまで寄り添いながら、より善い生の在り方を模索するものとなる。この違いは決定的である。前者は社会変革それ自体が目的となる。後者は、個人の在り方、その個人が集まった共同体としての教会の在り方が社会を変革していくのであり、最終的な目的は神の王国の建設である。

先にも述べたが、ラウシェンブッシュもグティエレスも着眼点と問題意識においては間違っていない。それはポスト・コロニアリズムにおいても同じである。そしてこれらは、たしかに批判的に見なければならない点を持ってはいるが、決定的に否定されるべきではない。否定的に捉えるよりも、より積極的に評価すべきであり学ぶべきところも多い。また福音において社会の改革ということが見据えられていなければならないという点においても間違ってはいない。福音はこの「世（κόσμος）」という被造物全体を救う「救い」に至らせるものである。その業はイエス・キリストの十字架の勝利によって始められ、神の国の完成を担う教会に委ねられている。その意味において、我々キリスト者は、社会そのものを変化させようとするラウシェンブッシュやグティエレスの主張や試みを評価できるし、その声に耳を傾けて聞くべきところはけっして少なくはない。いや、むしろ大いにあると言ってもよい。

その反面で彼らが向き合い主題化した苦悩や苦難自体は、あまりにも具体的であり、社会構造に還元しやすい内容である。そのために、私という「個」のもつ苦悩や苦難が、神学の名の下で、社会構造の中にある特定の領域の苦しみに焦点があてられ、それを拡大化して見る、いわゆる微分化されたものとして捉えられる危険性を見逃してはならない。こういった微分化は、「個」の持つ苦悩や苦しみを一般化してしまい、結局、微分化するがゆえに私という「個」のもつ統体的な苦しみや苦悩といったものを捨象してしまう。

苦悩や苦しみは、社会構造の中に実在があって、それが個々人の中に分与されてもたらされるというものではない。苦悩や苦しみは、まず差異を持つ個々人の具体的苦しみや痛みがあり、それが積み上げられた先で、苦悩という抽象概念的に言葉化されて捉えられなければならないものである。また、この「世」という世界は、すでに述べたように神を隠蔽する「神のいない世界」である。その「神のいない世界」は、キリストに敵対する世界でもある。それゆえに、神の王国をもたらすことによって成し遂げられる社会変革は、この「世」自身が自らの中に起こすものではない。それは、「神の王国」のこの世の表れであり、「キリストの体」である教会が、この「世」と戦い、この「世」に勝利することで広がりなされていくものである。

神の王国の到来がもたらす社会変革は、社会という全体が変革されることによって個人の生に変革がもたらされるようなものではない。むしろ、神の王国に呼び集められた個々人の生の変革が積み上げられていくとき、その個々人を包み込む神の王国が社会へと浸透し、それが積み上げられていくことで社会全体へと変革がなされるものである。

その意味で社会の変革と教会の宣教とは、限りなく接近している一体のものとして捉えられなければならない。このように、社会の変革は宣教論的視点、しかも教会論的宣教論から模索されなければならない。それは、社会的変革、社会倫理という言葉に置き換えてもよいものである。同時に、その問題は、一人ひとりの個である私という存在が抱えている苦悩を捨象することなく、その存在が「救われる」という救済論の問題でもある。この点を、我々は決して見落としてはならない。

第三節　傘の神学――傘のイメージとして描かれる「救い」の出来事

新約聖書において、イエス・キリストは多くの癒しを行っているが、その中でも際立っているのが、長血を患っていた女の癒し（マコ五・二五―三四、ルカ八・四三―四八）であろう。この記事の際立ったところは、一つはこの癒しが会堂司ヤイロの娘の癒しの物語の途中に挿入されているところにある。この挿入が歴史的時系列なのか編集者の意図なのかはさておき、長血を患っていた女の癒しがヤイロの娘の癒しの物語の中に挿入されることで、貧しい者、世から排除された者の切なる願いが、地位ある者の切なる願いに優先されるか、あるいは立場の違いなく等しく取り扱われることを我々に示している。もう一つの際立った特徴は、より重要な点である。この癒しが「信仰」と「救い」とに結び付けられて語られている点である。マルコによる福音書から引用する。

女は自分の身に起こったことを知って恐ろしくなり、震えながら進み出て、ひれ伏し、すべてをありのまま話した。イエスは言われた。「娘よ、あなたの信仰があなたを救った。安心して行きなさい。もうその病気にかからず、元気で暮らしなさい」。

（マコ五・三三―三四）

この物語において、長血を患っていた女が自分の罪を告白したとも罪の赦しを求めたとも記されていない。ただ、イエス・キリストの衣の端にでも触れると癒されると信じ、それを実行しているだけなのである。この救いは、肉体の癒しという形で表れている。誤解を恐れることなく言葉を変えて言うならば、神を求める思いは罪の赦しを求めるという形で表れるものだけではなく、癒しを求めて神に寄りすがる思いとして表れることもあるということである。もっとも、この長血を患った女の癒しの物語を、イエス・キリストを信じる者の病が癒されるといった単純な癒しの物語に還元してしまうのは正しいことではない。と言うのも、この女の苦しみと悲しみは単に「長血」という肉体の病だけではないからである。

この長血を患った女は、この病の癒しのために、多くの医者にかかり、さんざん苦しめられ、その財産を失っている。また、長血という患いが何であるかは定かではないが、おそらくはレビ記一五章二五節にある流出者(6)として汚れた存在として扱われ、社会から疎外されていたと思われる。つまり、この長血を患った女の苦しみは、単に肉体的病の苦しみだけではなく、経済的苦悩や精神的苦悩、そして社会的抑圧といった、この女の存在のすべてを覆う全的苦悩がそこにあるのである。だからこそイエス・キリストは、自分の中から力が出ていったのを感じた時、振り返ってこの女を探し、「娘よ、あなたの信仰があなたを救った。安心して行きなさい。もうその病気にかからず、元気で暮らしなさい」と群衆の前で救いを宣言するのである。それは、単に肉体が癒されたということではなく、社会的抑圧からの解放を宣言するのである。つまり、この長血を患った女の物語は、単なる病の癒しの物語というのではなく、この女の全存在を覆っている苦悩を救う「存在の救い」の物語なのであり、病の癒しはその「存在の救い」への一つの入口なのである。そして、この救いは「存在の救い」であるから、そこには自分の罪を深く悔やんで痛み、告白し罪の赦しを求める姿は描かれていない。ただ、イエス・キリストの衣にでも触れれば癒していただけるだろうと思い、それを実行する女のイエス・キリストへの信頼が信仰として描かれているのである。

　この長血を患っていた女の癒しの物語において特筆すべきことは、この女がイエス・キリストの背後から、その衣に触れた時に癒されたということであり、そのときイエス・キリストは自分の中から力が出ていったことに「気づい」た（マコ五・三〇、傍点は著者）ということである。つまりこれは、この癒しがイエス・キリストが意識的に行った業ではなく、無意識に、まるでオートマチックに癒しの業がなされているということを示している。つまり、悩みと苦しみを持った人間がイエス・キリストを信頼し寄りすがってきたならば、イエス・キリストはその者を決して見捨てず見離さず、無条件に憐れまれるお方なのである。だからこそ、イエス・キリストは振り返り、自分の衣に触った者を探し出し、単に病が癒されたということで「良し」とはせず、「あなたの信仰があなたを救った」と存在そのものを救う救いの宣言をするのである。

この長血を患った女の物語は、先に述べたシェルターとしての「救い」のイメージとは全く異なる救いのイメージを我々に与える。それは傘のイメージとしての救いである。傘を用いるのは雨の時である。しかも家の外、つまり屋外である。そして傘には特定の入口はない。いずれの方向からでも傘の中に入ってくることができる。そして、どこから入ろうと傘の下に身を寄せるならば降り注ぐ雨を凌ぐことができるのである。そうやって、傘の下という場所に身を置きながら帰るべき家へと向かって歩く。その道中、傘はいつも濡れないように、道行く人に伴ってくれる。そして、目的地へたどり着くのである。まさにそのイメージがイエス・キリストがもたらす救いと重なり合う。

我々人間は、様々な局面で悩み苦しむ。それこそ、自分の罪の問題で悩むだけでなく、自分の「外側にある罪」によって悩み苦しみ、そして葛藤する。ときには、その「外側にある罪」によって「情念」が喚起され、「理性」では抑えきれない「情念」の情動に身を任せるという罪に誘われることもあるだろう。そしてそのような「外側にある罪」がもたらすものは、それこそ病の苦しみということもあるであろう。人間の心と体とは密接に結び付いている全的存在だからである。また「外側の罪」は、経済的な苦しみをもたらすことあるだろうし、社会の抑圧や差別といった問題もあるであろう。そのような様々な苦しみや悩みの中で、イエス・キリストは救いを求めてくる者をその救いの傘の下に無条件で受け入れてくださる。決して門番がその入口に立ち、「罪を悔い改め、イエス・キリストの十字架の死が私の罪のためであったと言うことを信じているか」などとは聞かないのである。そして、その傘の下で、人は慰められ、癒され、励まされながらやがて来る「神の王国」の完成という人間の時間軸で言うならば、「終末論的未来」を目指して歩んでいく。それが「救い」なのではないだろうか。その意味で、救いは傘の下という場所的な概念であり、「キリストの体なる教会」はその救いの傘の地上的な場所としての顕れである。

傘は、中央にある傘の中棒とそこから出た親骨に支えられた生地とでできている。同様に「救い」という傘は、中央に「イエス・キリストの十字架の死と復活」という中棒があり、そこからキリスト者一人一人の救いの物語という傘の骨が出ている。そして、それが福音書に描かれたイエス・キリストの生涯という生地を支え、それが「キリストの体なる教会」という「救い」の傘を造り出している。

この「救い」の傘の下に逃げ込んでくる者の多くは、自分の罪に悩んで逃げ込んでくるのではない。むしろ、この「世」に生きる様々な問題や悩みという激しい嵐から逃れようとして傘の下に逃げ込んでくる。その時、問題は目の前にある苦悩であり、それはしばしば自分自身の罪が引き起こした苦悩ではない自分の「外側にある罪」によっておこる苦悩である。そのような苦悩をもって傘の下に飛び込んできた者が、そこにとどまり、神の民との交わりの中に置かれ、教会という共同体の社会の中に繋がっていく。その中でその目を上げるならば、イエス・キリストの十字架の死と復活に支えられ、神が人となることで表された完全な神の像としてのイエス・キリストの生涯がある。そしてその生涯を通して示された人間の本来あるべき姿、すなわち神の似像を見ることできる。そのイエス・キリストの姿は、我々の全存在を受け止める愛なるお方であると同時に、「外側にある罪」に完全に勝利される義なるお方なのである。もちろん、その救いの傘の下には罪の赦しと神との和解という慰めの空間が広がっている。

この救いの傘の下に身を寄せ、身を置く者は、その救いの傘の下で守られながら、やがて来る「神の王国」という神の家まで、この「世」が支配する世界の中に歩んで行く。その歩みは、キリストと一つに結ばれ、キリストと共に生き、その人間本性を回復しつつ、救いの完成に至る歩みである。そのような「救い」のイメージを、この一二年間長血を患って苦しんでいた女の癒しの記事は、我々に物語っているように思われる。つまりは、救いとは、牧師が門番としてその入口に立ち、認罪と悔い改めをもって入場許可書を発行するシェルターのようなものではなく、全方向的に開かれた傘のようなものなのだということである。

第四節　模範としてのキリスト

神の創造の業において、人間は神の似像を結実するものとして創造され、その創造の完成を目指す神の歴史を生きるものである。それが人間の本来の姿であり、そのような視点から捉える人間観は創造論的人間観である。そして、その創造の完成は終末論的でもある。したがって創造論的人間観は、同時に終末論的人間観でもある。問題は、我々がこの創造の完成を目指す「永遠」という神の時間軸に基づく神の創造の歴史から逸脱し、離れた場所におかれてしまっていることである。
したがって神の救済の業は、我々をして、この永遠という時間軸で繰り広げられる神の創造の歴史に生きる者とするところにある。しかし、神の「永遠の今」としての現在にある人間の現実は、死という人間の時間軸における有限な世界の中で生きている。そしてその有限な世界は、この「世」と呼ばれる「神のいない世界」であり空間なのである。

我々の認識や判断、そして価値観というものは、何らかの形で我々を取り巻く世界からの影響を受けている。そもそも言葉自体、言葉を駆使する社会がもつ何らかの構造的な価値観が含まれており、言葉を習得するという行為を通して、我々はこの「神のいない世界」の影響を受けている。それは、人間の生き方や目指すところが、何らかの形でこの「神のいない世界」の影響を受けていることを意味している。その「神のいない世界」に受肉した神としてイエス・キリストは生まれ、我々人間の模範となられたのである。

この模範は、「真の神からの真の神（θεὸς ἀληθινὸς ἐκ θεοῦ ἀληθινοῦ）」である「神の独り子（ὁ υἱὸς τοῦ θεοῦ）」でなければならなかった。というのも、すでに述べたように、人間の本来あるべき姿は「理性」によって人間の「肉性」が支配されるところにあるからである。この理性は、神に向かい、神を目標として自らを神の似姿に形造らせるものである。しかし、この世界は「神のいない世界」である。それゆえに、この「神のいない世界」に神が現れ顕在する必要がある。だから、受肉した神であるイエス・キリストが目指し向かうべき目標そのものとして、この「神のいない世界」にお生まれになったのである。

この神の独り子は、人として神に向き合い神の似像を形造るための歩みの模範である。それは人としての歩みであるがゆえに、真の神からの真の神であるイエス・キリストは、全き人、完全な神の霊の所持者としての模範でもある。

この「模範としてのキリスト」という概念は、保守的な立場のキリスト者からは敬遠されがちであったように思う。それは、この「模範としてのキリスト」という概念が、しばしば「義の教師」あるいは「倫理的教師」としてのキリストとして、救済者としてのイエス・キリストを否定するものとして捉えられてしまっているからである。それは、「信仰義認論」により、救済の局面と倫理の局面が分離してしまっていることに起因している。その根幹には「贖罪論的人間観」と「救済論＝贖罪論」という神学的視座による神学的思考の枠構造がある。

しかし、すでに我々は、イエス・キリストの救済の業は、我々の犯した罪に対する裁きとしての罰を赦すという「救済論＝贖罪論」的な救済観だけはなく、むしろ、神の似姿を形造り、神の創造の業を完成する神の歴史へ我々を招き入れる創造論的な救済観を見てきた。そこでは救済と倫理とは分離しない。なぜならば、神の似像を目指して生きる人間の在り方こそが救いだからである。それは、行為義認ではない。行為義認は義を目的とした行為であり、義とされるために行為が必要とされる。つまり、義でないものが義となるための行為が行為義認であると言える。しかし、神の創造の業の中にあっては、人間は神の像をもって造られているからこそ、神の似像という結実を結ぶ存在である。それは、義なる者として造られ、その本性において義である者が、義であるがゆえに義を完成することである。そして人間は、本来は、創造の業の完成という実を結ぶ生き方をする者なのである。悔い改めとは、このような神の創造の業に突入し生きることである。

このような神の創造という点に重心を置いた創造論的な救済観を、義という側面から見ていくと、おおよそ次のようになる。すなわち、人はもともと義なる存在として義の完成を目指す者として創造されている。その義なる存在である人間が、その義を完成する道において、道を外れ目指すべき目標を見失ってしまっている現実がある。人の道を踏み外してしまっているのである。その現実に対して、イエス・キリストは私たちの目指すべき目標であり、その目標の完成者である。人は、そのイエス・キリストの信仰による神の救いの業によって義を完成する歩みの中に復帰し、信仰の完成者であるイエス・キリストを目指し、彼に倣う者となっている。だからこそ、義なる在り方を求めて生きるのである。たとえば、その生き方がたとえ不完全であっても、キリストの十字架の業の完全性のゆえに、完全な義なのである。(7)

我々にはイエス・キリストの十字架の勝利によって、神の永遠の時間軸における神の創造の歴史に基づく生き方が開かれる。神の救いの歴史に、罪と死の法則による支配から解放されて招き入れられているのである。そして、キリストの受肉によってこの「世」にあって、受肉したキリスト・イエスを模範とし、その命と霊に与り、キリストに倣う者として生きる者とされている。

第五節　イエス・キリストによる脱構築

レヴィ＝ストロースは、人間は社会に張り巡らされた構造の網目を通して文化を形成し、思考し、判断するものであることを明らかにした。つまり、社会にある様々な要素が構造を生み出すのではなく、構造が様々な個々の要素を規定するのである。そういった意味では、我々の存在は、この「世」という「神のいない世界」に生きている限り、「世」の持つ構造の網目に絡めとられている。それゆえに我々は、「世」という権力の下で「世」の影響を受け、この「世」に倣って生きている。その最たるものが言葉である。我々は、この「世」における言葉を使っている以上、我々の判断や行動は、おのずと「神のいない世界」である「世」の価値観によってその行動が規定されている。

現代の日本に生きるキリスト者は自由経済の下での資本主義社会という構造が張り巡らす網目を通して考える。そこにある原則は効率と資本の拡大再生産である。労力という人的資本であろうと金という財的資本であろうと、投下した資本は何らかの形で効率よく再生産され、資本という自己に帰ってくることが期待される。この「自由主義経済」「資本主義」という権力構造の網目を通して流れてくる情報が、我々の判断と行動に影響を与え、富や地位や名誉を伴いつつ、我々を階層化された世界の中で社会的に位置づける。

このような社会構造は、我々の欲望と欲求を刺激する。それは、マズローがあの欲求段階説で明らかにしたものであり、それはまさに自己追求的である。そしてその欲求が、充足されない妬みや恨みやルサンチマン的な怒りを生み出し、欲望と欲求を充足した高慢や高ぶりといった「情念」となって、我々を支配するのである。その意味において、現代の日本の資本主義社会は、キリストに敵対する「世」である。だから、この「世」の原理、すなわち資本主義の原理や価値観、そして考え方を教会に持ち込むべきではない。教会は会社ではない。教会は教会としての在り方があり、この「世」にあって、教会として凜として立っていればよいのであって、教会は現代の日本にある資本主義を担う存在ではない。なぜなら、この「世」という構造の下に支配されている存在である我々人間に対して、イエス・キリストという存在それ自体が脱構築だからである。

たとえば、イエス・キリストの教えの中で、最も有名な教えの中の一つが山上の垂訓であるが、そこにおいて言われている言葉の中に、次のようなものがある。

「あなたがたも聞いているとおり、『目には目を、歯には歯を』と命じられている。しかし、わたしは言っておく。悪人に手向かってはならない。だれかがあなたの右の頬を打つなら、左の頬をも向けなさい。あなたを訴えて、下着を取ろうとする者には、上着をも取らせなさい。だれかが、一ミリオン行くように強いるなら、一緒に二ミリオン行きなさい。求める者には与えなさい。あなたから借りようとする者に、背を向けてはならない。

あなたがたも聞いているとおり、『隣人を愛し、敵を憎め』と命じられている。しかし、わた

しは言っておく。敵を愛し、自分を迫害する者のために祈りなさい」。（マタ五・三八―四四）

この一連のイエス・キリストの言葉は、「あなたがたも聞いているとおり」というように、その社会、文化の中にアプリオリなものとして存在する「通念」に対して、それを脱却し超えるものとして語られている。その中でも特筆すべき言葉として「敵を愛し、自分を迫害する者のために祈りなさい」がある。というのも、「敵」という言葉は、その言葉が持つ構造的な意味として、憎むべき相手である。それは、愛すべき存在ではなく、また迫害する者は、恨むべき憎しみの対象で、復讐心を刺激する存在として排除されるべき相手なのである。つまり、「敵を憎め」ということは、単なる社会的・文化的通念ではなく、「敵」という言葉を有し、その言葉を用いる人間存在すべてに共通して持つ構造的な理念と考えられるのである。

そのような構造の下にある「敵を愛せよ」とイエス・キリストが語られるとき、その教えはすでに我々が生きる世界の構造から脱構築した教えであり、「敵を愛し、自分を迫害する者のために祈りなさい」という生き方は、「神のいない世界」であるこの「世」から脱却し、「神が存在し、神が支配している世界」で生きよと語られているのである。

このような脱構築的な生き方は、イエス・キリストが語られた善きサマリヤ人の譬えなどにも見られる。しかし、イエス・キリストにおける脱構築は単なる言説として語られただけではない。イエス・キリストの十字架の場面において、イエス・キリストによって語られた「父よ、彼らをお赦しください。自分が何をしているのか知らないのです」（ルカ二三・三四）という祈りの中に具体的に現れている。

イエス・キリストの受難は、ファリサイ人、律法学者、祭司長たちの憎しみと恨みによってもたらされた苦しみである。イエス・キリストは、その当時のユダヤ人社会における権力者であり支配階級であるファリサイ人や律法学者、そして祭司長たちを厳しく批判していた。だから、恨みを買い、憎まれ、敵視されるということがあってもおかしくはない。憎しみや敵視は、権力による支配がもたらす憎しみや敵意である。イエスの受難は、権力によって支配された監獄であるこの「世」にある出来事である。それは、この「世」の抗えない力によってもたらされた不条理な苦しみである。

しかし、その構造の中で、イエス・キリストは自分を十字架にかけて殺そうとする者に対して「父よ、彼らをお赦しください。自分が何をしているのか知らないのです」と祈るのである。それは、「敵を愛し、自分を迫害する者のために祈りなさい」（マタ五・四四）という言葉の実践である。そしてその実践が、「敵」という言葉が構造的に持つ憎しみとそれに対する復讐心といった構造の網目を脱構築し、かつこの「世」の正義[8]によってではなく、神の義によって支配される世界を開くものとなっている。それゆえに、イエス・キリストは、その存在自体が脱構築者であり、この「世」に対しては完全な勝利者なのである。

このようなイエス・キリストの生き方は、すでに述べたように我々人間本性の模範である。そのイエス・キリストは、この神の義の支配の下に我々を招いているのである。このイエス・キリストの招きに応じ、神の義の支配する世界に身を置くとき、我々もまた脱構築者であるイエス・キリストとともに罪と死の支配する「世」から解放される。我々の全存在それ自体が救われるのである。

この存在の救いは、この「世」が構造的に持つ、復讐心や殺意、憎しみ、妬みやたかぶりといった情念がもたらす苦しみや苦悩からも解放する。すなわち、迫害や抑圧といった苦難が情動として情念を刺激し、情念に行動が支配され報復や暴力を生み出すこの「世」の在り方から解放されるのである。それは、「父よ、彼らをお赦しください。自分が何をしているのか知らないのです」と祈ったイエス・キリストの「敵を愛する」生き方へと我々を導く。この生き方は、イエス・キリストの姿を想起し、そのイエス・キリストと一つに結ばれ、イエス・キリストを模範とすることによってなされるものである。

このように敵をも赦し、愛する愛に生きようとするとき、我々は憎しみと報復の連鎖から解放される。それは、個人的な解放に留まらない。社会的広がりを持つ構造として横たわる罪と死の法則がもたらす憎しみと報復の連鎖からも解放する。それはこの「世」という社会を脱構築した社会への足掛かりとなるものである。その解放は具体的に、イエス・キリストの復活の出来事によってもたらされている。イエス・キリストは十字架で死に、その死から蘇ることで、この世界の構造から完全に脱構築したのである。

このように、少なくとも、イエス・キリストは罪と死の法則が支配するこの「世」という「神のいない世界」の構造全体から解放された脱構築者である。そのため、イエス・キリストと一つに結びついた者にはこの「世」という社会が持つ構造の中にある、悲しみや苦しみ、苦悩からも救われる解放の道が開かれている。

第六節　信徒の務めと教職者の務め

救いの傘としての教会、それは「キリストの体なる教会」である。だから教会はキリスト論的教会であり、教会を語る時には、キリスト論的教会論が展開されなければならない。もちろん、そのキリスト論的教会においても、教会はエクレーシア（ἐκκλησία）として神の民の群れである。その神の民は、単に個々人の集合体であるというのではなく、主であり、王であるイエス・キリストを頭として有機的・機能的に結び付けられた「キリストの体」である。キリスト者は、このキリスト論的教会を形成するため、「キリストの体」としてキリストの業を行うために召し集められた存在である。そのように「キリストの体なる教会」に召し集められたキリスト者が、その召し集められた教会において、キリストの業を行うためになすべきキリスト者の務めは何であろうか。

すでに述べたように、キリスト者がキリスト論的教会においてその務めをなすとき、キリスト論的教会であるから、そのなすべき務めはキリストがこの世にあってなされる業である。それは、模範としてのキリストと密接に関わってくるのだが、聖書は、キリスト者のなす業に関してパウロの口を借りて、次のように述べる。

そして、ある人を使徒、ある人を預言者、ある人を福音宣教者、ある人を牧者、教師とされたのです。こうして、聖なる者たちは奉仕の業に適した者とされ、キリストの体を造り上げてゆき、ついには、わたしたちは皆、神の子に対する信仰と知識において一つのものとなり、成熟した人間になり、キリストの満ちあふれる豊かさになるまで成長するのです。(エフェ四・一一—一三)[9]

ここには、聖なる者たち、すなわちキリスト者たちを奉仕の業に適した者として整え、キリストの体なる教会を建て上げさせるために、教職者としての務めがあることが述べられている。[10]そして、そのキリストの体なる教会を建て上げていく中で、キリスト者の人間本性が完成されるという救いの業が成し遂げられていくのだと述べられている。つまり、救いの傘としての教会における信徒の業は、この奉仕(διακονία/ディアコニア)の業なのである。だが、この奉仕の業とは、具体的にどのようなものなのであろうか。διακονίαは、元来、主人に給仕をするということであり、仕える(διακονέω)業である。この仕える業としてのδιακονίαという言葉を用い、イエス・キリストは次のように言われる。

そこで、イエスは一同を呼び寄せて言われた。「あなたがたも知っているように、異邦人の間では、支配者と見なされている人々が民を支配し、偉い人たちが権力を振るっている。しかし、あなたがたの間では、そうではない。あなたがたの中で偉くなりたい者は、皆に仕える者になり、いちばん上になりたい者は、すべての人の僕になりなさい。人の子は仕えられるためではなく仕える（διακονέω）ために、また、多くの人の身代金として自分の命を献げるために来たのである」[11]。

（マコ一〇・四二―四五）

この仕える業は、神に対する奉仕（διακονία）だけでなく、人に対する奉仕（διακονία）でもある。イエス・キリストが神に対して奉仕をする者であったことは言うまでもない。しかし、同時に、人の子が来たのは仕えるためであると述べた後に「多くの人の身代金として、自分の命を献げるために来たのである」と述べているところからも、人に対しても奉仕する者であったこともまた間違いがないと言えよう。

このイエス・キリストの言葉は、弟子たちに、権力者のように人の上に立ち、人に仕えられる者になるのではなく、むしろ人の一番下に立って仕える者になるように勧める文脈にある。したがって、イエス・キリストの弟子たち（すなわちキリスト者）は、この仕える（διακονέω）業の奉仕（διακονία）をするのである。

そこで、この奉仕の業とは、具体的にどのようなことを指しているのかという問題であるが、奉仕の業について門脇聖子の興味深い分析がある[12]。門脇は、マタイによる福音書二五章三二節以降に立ちつつ、奉仕（διακονία）とは、飢えている人に食べさせ、渇いている人に飲ませ、裸の人に着せ、孤独の人を見舞うなどの行為であるという。この門脇の分析の根拠となるマタイによる福音書二五章三一節以降[13]は、イエス・キリストが神の王国を意識しながら、最も小さい者のひとりが、飢え、渇き、裸であり、病の床にあったとき、その最も小さい者に飲み食いをさせ、着物を与え、見舞う行為は、神の国の王にしたのだとして、そのような者が神の王国に招かれるのだとイエス・キリストが教えているところである。つまり門脇は、神に対する奉仕と人に対する奉仕が重ね合わせつつ、具体的に苦難や苦悩の苦しみの中にいる人々に対して仕える業として奉仕の業を見ているのである。そして、先述したマルコによる福音書一〇章四五節の言葉をあげ、イエス・キリストこそが、その仕える（διακονέω）業の最高の模範であるというのである。

　奉仕の業がイエス・キリストを最高の模範とするものであるならば、奉仕の業をするということは、イエス・キリストを模範として生きるということである。信徒がキリストを模範として生きるとき、そこに生まれる共同体は必然的にキリストを中心とした繋がりの中での隣人愛の交わりが形成されていく。結果として、その繋がりの中でキリストの体なる教会が作り上げられていくという、先のエフェソの信徒への手紙四章一一節から一三節の事態が起こってくるのである。

　このことを考えるとき、現代における牧師、あるいは教職者の務めというものが、明確になってくる。それは、第一に、キリストの最高の奉仕の業の模範を聖餐において表し、また、我々に対する神の愛と義と、恵みを示すのである。そして、聖餐を通して我々がキリストを中心とした隣人愛の交わりが実践される「キリストの体なる教会」に繋がれているという恵みを伝え、信徒も教職者もその内にあることを示すことである。そこに、祭司としての教職者の具体的な務めがある。そして、第二に、教会につながるキリスト者が模範であるイエス・キリストを黙想し想起できるように説教を語るということである。なぜならば、イエス・キリストを模範として生きるためには、具体的にイエス・キリストを知らなければならないからである。

もちろん、新約聖書には四つの福音書を通して、具体的なイエス・キリストの生涯が描かれている。また書簡には倫理的な教説を見ることもできる。しかし、それらは、具体的であるがゆえに、それらの書が書かれた時代のパレスチナ、あるいは地中海世界という時代的・地域的・文化的背景を背負っている。そのため、必然的に聖書は今日の教会という共同体の解釈を我々に求めてくる。さらに、現代においてキリスト者が向き合う具体的問題の中でも、地域差によって問題の取り扱いが違ってくる。文脈化という言葉がそのことを象徴的に表している。その文脈化は、最終的に個々人の生活の場における差異にまで及ぶものである。つまり、個人の苦悩や苦しみは、全く個々のものであって、そのような苦しみの中にある人への奉仕の業は、決してマニュアル化されるものではないのである。だからこそ、イエス・キリストを模範にする以上、この目の前にいる人に、「今、ここで」イエス・キリストならばどうなされるかが想起されるか否かが重要な問題になる。

そのような中で、人々が「今、ここで」の状況の中でイエス・キリストが想起し観想できるように、教職者はイエス・キリストを語ることが求められている。だからこそ説教は、その時代の、限られた具体的な地域に存在する教会の場で、具体的な状況の中にある具体的な問題に向き合うキリスト者に向かって、そこにおられるイエス・キリストを指し示す教会の業なのである。
だから、教職者の務めは、その教職者が神から任じられている場において、考え、思う（黙想する）ことである。しかも、聖書を通して示されたイエス・キリストの生涯が、「今、ここで」という状況の中ではどのように現れるのか、聖書の中で語ったイエス・キリストが、「今、ここで」という状況の中でこの「世」といかに関わり、何を語り、何をなされるであろうかを、絶えず考え、思い、それを説教として語る、そこに教職者の務めがある。それゆえに、牧師は、自らが現場の神学者であることを旨とする必要がある。

注

（1）D・エラスムス『天国から締め出されたローマ法王の話』木ノ脇悦郎編訳、新教出版社、二〇一〇年。なお、この書は、もともとは、著者名が明らかにされていない。当時からエラスムスの著作であるとは言われているが、エラスムス自身はそれを否定している。もっとも、時の法王を真っ向から名指しして批判している文書であるから、仮にエラスムスの著作であったとしても、エラスムス自身がそのことを否定するのは、至極当然のことである。辛辣な内容を見事にウィットにとんだ内容にし、時の権力者を笑い飛ばしている文学的力量から考えても、当時の人が、エラスムスが著者であろうと考えたのもうなずけるところがあり、おそらくはエラスムスの著作であると考えて間違いがないだろう。

（2）このような社会問題に対する救済論的位置付けが、正教会において全くないということではない。宇宙論的救いに開かれている正教会の救済論は、このような問題を当然視野に入れる可能性が十分開かれている。しかし、前出のカリトリス・ウェア『私たちはどのように救われるのか』三九―四〇頁は、この問題に触れ、これまでの正教会が、このような問題に対する発言が不十分であったことを認め、深く悔いる言葉が述べられている。

（3）ウォルター・ラウシェンブッシュ『キリスト教と社会の危機――教会を覚醒させた社会的福音』ポール・ラウシェンブッシュ編、山下慶親訳、新教出版社、二〇一三年を参照。

（4）ローザンヌ運動は、一九七四年、ビリー・グラハムやJ・ストットらによって開催された第一回ローザンヌ世界宣教会議で採択されたローザンヌ誓約に基づく運動であり、その中心にある福音理解が包括的福音である。この包括的福音は、罪の赦しという救済の業にだけ目を向けていた福音理解だけでなく、福音は広く社会倫理、社会正義の問題までの広がりを持つというものである。もっともローザンヌ誓約の段階では、依然罪の赦しの福音が社会倫理や社会正義に優先している感は否めなかった。しかし、二〇一〇年の第三回ローザンヌ世界宣教会議において採択されたケープタウンコミットメントでは、ローザンヌ誓約よりもさらに踏み込んだ包括的福音の理解がなされており、その意味でより評価できるものとなっている。

（5）J・ストット『地の塩　世の光――キリスト教社会倫理叙説』有賀寿訳、すぐ書房、一九八六年、二〇頁。

（6）流出者の規定については、レビ一五・一―三一を参照。

（7）完全と不完全の間にある不完全の完全という緊張関係は、一見すると前出のオスカー・クルマン『キリストと時――原始キリスト教の時間観及び歴史観』の中にも見られる緊張関係に類似するように思われるかもしれない。たしかにクルマンはキリストによる救いを第二次世界大戦のヨーロッパ戦線におけるノルマンディー上陸作戦とドイツの降伏に見立て、前者をXデーとし後者をVデーとした。そしてXデーにおいて勝利が確定したが、その確定した勝利が現実に訪れた日をVデーだとし、キリストの十字架と終末論的救いの関係との時間的緊張関係の中に今の我々を置く。クルマンの主張は、神の王国という視点においてはたしかに言える。すなわち、キリストによってはじめられた神の国が、決定的にこの世界を覆う神の国として完成するときに、人は完全なものとなり、神の民もまたその時に完全な勝利に与るのである。同様に、救いを義認という、罪に対して下される神の裁きとしての罰からの救いという視点のみで捉える従来のプロテスタンティズムの救済論では、救いの完成（つまり義となるという義の完成）はあくまでも終末論的なものであり、義認は完全な勝利ではない。というのも、従来の義認論においては、時間観と歴史観もまた、あくまでも人間の時間軸の中で捉えられているからである。だから義となるということはあくまでも、救いにおける終末論的完成においてなのである。クルマンの主張は、時間を歴史的な時間のクロノスと、決定的出来事が起こる時としてのカイロスに分けて理解する。このような時間の区分は一見して人間の時間軸と神の時間軸の区分のように思われる。しかし、プロテスタント的義認論という視点からクルマンの主張を読み解くのであるとするならば、救済論的視点から見た現在においては義となるという要素は閉め出され、義と認められるということのみが生起する。これは、著者の言うところの義であるから義なる生き方をするということとは異なる。

（8）ファリサイ人、律法学者、祭司長たちの恨みや憎しみは、彼らの文化と伝統に基づく社会の構造においては、彼らの正義に基づくものであったであろう。

（9）エフェソの信徒への手紙は、真性パウロ書簡には入っておらず、パウロの著者性が疑われている。しかし、著者は福音派の牧師であり、本書はエフェソの信徒への手紙の著者についてを問題にしているのではないので、著者の立つ福音派という立場に従って、ここではパウロの言葉として挙げておく。

（10）原語のギリシャ語では、次のようになっている。καὶ αὐτὸς ἔδωκεν τοὺς μὲν ἀποστόλους, τοὺς δὲ προφήτας, τοὺς δὲ εὐαγγελιστάς, τοὺς δὲ ποιμένας καὶ διδασκάλους, πρὸς τὸν καταρτισμὸν τῶν ἁγίων εἰς ἔργον διακονίας, εἰς οἰκοδομὴν τοῦ σώματος τοῦ Χριστοῦ, μέχρι καταντήσωμεν οἱ πάντες εἰς τὴν ἑνότητα τῆς πίστεως καὶ τῆς ἐπιγνώσεως τοῦ υἱοῦ τοῦ θεοῦ, εἰς ἄνδρα τέλειον, εἰς μέτρον ἡλικίας τοῦ πληρώματος τοῦ Χριστοῦ（直訳「そして彼は、使徒たち、預言者たち、伝道者たち、牧師たち、教師たちを、神の子を知り尽くすことと信仰との完全な一致を手に入れてキリストの体を建て上げることを目標とし、キリストの満ちた背丈まで徳が達した完成した

人を目標として、聖徒たちの奉仕の業を完全にするために与えた」).

(11) 原語のギリシャ語は次のようになっている。καὶ γὰρ ὁ υἱὸς τοῦ ἀνθρώπου οὐκ ἦλθεν διακονηθῆναι ἀλλὰ διακονῆσαι καὶ δοῦναι τὴν ψυχὴν αὐτοῦ λύτρον ἀντὶ πολλῶν.

(12) 門脇聖子『ディアコニア——その思想と実践』キリスト新聞社、一九九七年、三〇頁参照。

(13) マタ二五・三一以降は、次のようになっている。「そこで、王は右側にいる人たちに言う。『さあ、わたしの父に祝福された人たち、天地創造の時からお前たちのために用意されている国を受け継ぎなさい。お前たちは、わたしが飢えていたときに食べさせ、のどが渇いていたときに飲ませ、旅をしていたときに宿を貸し、裸のときに着せ、病気のときに見舞い、牢にいたときに訪ねてくれたからだ』。すると、正しい人たちが王に答える。『主よ、いつわたしたちは、飢えておられるのを見て食べ物を差し上げ、のどが渇いておられるのを見て飲み物を差し上げたでしょうか。いつ、旅をしておられるのを見てお宿を貸し、裸でおられるのを見てお着せしたでしょうか。いつ、病気をなさったり、牢におられたりするのを見て、お訪ねしたでしょうか』。そこで、王は答える。『はっきり言っておく。わたしの兄弟であるこの最も小さい者の一人にしたのは、わたしにしてくれたことなのである』」。

第五章　結語にかえて

人間は罪びとである。そして、人間は自らの欲に従い過ちを犯すし、悪を行う。これは観察し得る事実である。だからこそ、罪びとである人間が義なる神の前にいかに立ちうるかが西方教会の救いの中心にあった。この過ちや悪を人間の罪の性質に見るのが西方教会の伝統であった。このような人間理解が贖罪論的人間観であり、そこに生まれたのが、贖罪論的救済論である。この贖罪論的救済論の上に、イエス・キリストの十字架の死は、私たちの犯した罪に対して下される罰の代わりに差し出された償いのための命であり、またその罪で損なわれた神の栄誉を償うための死であるという刑罰代償説が立っている。

この場合、償われる罪は、過ちや悪と罪とはほとんど同義に扱われてきた。もちろん、そこには神を神としないという宗教的な罪もあるので、全く同義というわけではない。しかし、実際には、過ち・悪は罪として捉えてきたし、少なくとも、悪や過ちと罪とは類似関係にあり結び付きやすい性質にあることは間違いがない。この場合、罪の起源が問題になる。なぜならば、神は創造者であり、すべてのものが神によって造られたからである。では罪も神が造ったのか。しかし、神が造られたもののはすべて良かったはずではないか。これはいわゆる神議論と呼ばれるものであり、従来の神学的思考の中の枠組みの中では、なかなか解決し難い問題であり、それゆえに我々に残された課題であった。

人間は、たしかに罪に基づき悪を犯す存在であり、その意味では罪深い存在である。しかし、その罪深さの一点をもって人間を罪びとであると贖罪論的人間観で総括し、普遍化してよいのだろうか。また神が人間の内に神の像として与えた善と聖とに開かれた可能性を封殺し、人を罪びとと決めつけ、消極的な人間観の中に罪びととして留め続けるべきであろうか。さらに言うならばイエス・キリストの十字架の死が、その罪に対して与えられる罰をすべて免償してくださったとしても、その免責に安住してよいのだろうか。そのような生き方は、「赦された罪びと」として、結果として自分の「今、ここで」の罪を最終的には受容する。しかし、そのような受容こそが、神の創造の歴史の完成と、この世に現れ出た神の王国であるキリストの体なる教会を疎外することである。それこそが、すでにこの書で見てきたように、実は罪の本質なのである。だから、実際には罪に下される神の罰からの免責は得られるが、罪それ自体の問題は何一つ解決されておらず、罪の支配の中での奴隷状態から解放されてはいない。しかしパウロは、はっきりと「もはや罪の奴隷にならない」（ロマ六・六）と言っているのである。

それに対して著者が本書で追ってきた人間観は、創造論的人間観であり、そこに成り立つ救済論は創造論的・人間形成論的救済論と呼ぶべきものである。それは、人間は神によって善き者として、善き者となるために造られたという理解が根本的土台にある。つまり、人間は、もとより神の像を持つ者として造られ、神の像を持つ者であるからこそ、人間は、本来神に向かって神の似像を形成する者として造られている。それは、決して人間が人間として不完全な存在で創造されたというのではない。人間は人間として完全な者として造られている。その完全な人間であるからこそ、成長し完全な者としての歩みを形成し完成していくのである。このとき、過ちや悪が罪の結果として起こるのではあるが、必ずしも、過ちや悪は罪とは一致はしない。むしろそれらは明確に区分されるべきであって、罪とは、人間が神に向かい神の似像を形成して歩む人間の本性を疎外し、様々な肉の欲に基づく情念によって生きる人間の在り方である。そしてまた、そのような情念に支配された生き方にいつまでも人間を留めようとする力である[1]。そのような罪が支配するこの「世」という世界に我々は生きている。そして、この「世」の影響を受け、この「世」に倣って生きているのである。だからこそ、贖罪論的人間観に立ち、「赦された罪びと」に留まり続けるということは、罪の本質の中に留まり続けていることなのだ。

この「世」について聖書は、次のように述べる。

「世があなたがたを憎むなら、あなたがたを憎む前にわたしを憎んでいたことを覚えなさい。あなたがたが世に属していたなら、世はあなたがたを身内として愛したはずである。だが、あなたがたは世に属していない。わたしがあなたがたを世から選び出した。だから、世はあなたがたを憎むのである。」

（ヨハ一五・一八―一九）

ここで言われていることは、この「世」はキリスト者を憎むということである。この時に「憎む」という言葉で想定されていることは、キリスト者に加えられる迫害であろう。そして、そのようにこの「世」がキリスト者を迫害するのは、この「世」がイエス・キリストを憎むからであり、そこには具体的にイエス・キリストの十字架の出来事が想定されていると考えられる。それゆえに、そのイエス・キリストと一つに結ばれたキリスト者もまた、この「世」から憎まれ迫害されるのである。

すでに述べたように、イエス・キリストの十字架の死は、イエス・キリストにとっては、神の言葉に従う人間の本来の在り方の頂点にある出来事であり、人間を支配する罪と死の法則に勝利し、そこから人々を解放する業である。しかし同時に、この「世」にとって十字架は、キリストをこの「世」から排除する業である。もっとも、このイエス・キリストの十字架の死による排除のゆえに、イエス・キリストという存在はもっとも鮮烈な形で、この「世」にその存在の痕跡を残し、想起の対象となっている。

イエス・キリストを想起する。それは、我々がイエス・キリストを模範とし、イエス・キリストに倣う生き方の根幹にある事柄である。人間は、置かれている環境の影響を否応なく受けている。つまりこの「世」からの影響を受け、考え、判断する。その影響は、さまざまな言説、価値観やものの見方に及んでいる。そうやって、この「世」からの影響を受け、この「世」に絡めとられているのである。だからこそ、罪と死の支配するこの「世」の中で、神の恵みの支配し給う神の王国のこの「世」

における顕われであるキリストの体なる教会へ移り住むことが重要なのである。そこにおいて、我々はイエス・キリストを模範とし、その生き様を想起しつつ学ぶことができるからである。そして、この「世」の影響から脱し、十字架の死によってこの「世」に勝利したイエス・キリストと一つに結ばれて神の創造の完成への道を生きる者となる。これが「救い」なのである。そこには、「ただ恵みのみ（sola gratia）」というエッセンスだけではない、「努力」という人間の側の「救い」の完成への関与がある。

我々は、「ただ恵みのみ」によって神の救いの業に招かれ、神の救いに入れられる。これによって、人は完全に救われる。だが、この「世」にあって、完全に救われた者としてさらに救いの完成に向かって新しく生まれた者として努力して生きるのである。

この「世」には、罪と死の法則が支配する世界に存在する不条理がある。そして、「外側にある罪」とその力による不条理な悲しみと苦しみに満ちている。その不条理な悲しみと苦しみは、我々に「神も仏もあるものか」と思わせるのに十分な力を持っている。実際、生きていく中で我々はそのような悲しみや苦悩をしばしば経験する。その不条理な「世」という世界にあって、イエス・キリストと一つに結ばれるとき、我々はこのお方を通して神の慰めと愛と支えとを知る。そして、キリストの内（ἐν Χριστῷ）にあって、私という存在のすべてが救われるのである。

たしかにこの「世」は神が隠蔽された「神のいない世界」である。世界は本来、神によって支配され治められるべきところである。しかしこの「世」はこの神の支配を拒絶している。しかし、我々の存在が救われ、イエス・キリストと一つに結ばれるとき、我々はこの「神のいない世界」の中に隠された神の存在を見出すことができるようになる。そして、この「神のいない世界」と思われるようなこの「世」の中にあるキリストの体なる教会に働いている神の力と支配とに気付くのである。

神の救いの業、それはたしかに罪びとである私の罪を赦すということを含んではいるが、ただそこにだけに留まるのではない。また、「罪の赦し」は単に神の王国の入口ではない。神の救いは、この「世」という冷たい雨が降る世界にさしかけられた傘である。この救いの傘は私という「今、ここで」の存在の全存在をおおい救いとる。だから救いは「存在の救い」である。この我々の「存在」を救いとる救いの傘は、この「世」にあって、そこに存在するいかなる苦しみや悲しみや苦悩の中でも、神を求め、イエス・キリストに寄りすがる者をいずれの方向からも受け入れる。救いの傘には、入口となる門もなければ門番もいないのである。救いにはオルド・サルティスのように一般化された形式などないのだ。それこそ、一人ひとりの「存在の多様性」に応じるように、多様な存在に対する多様な救いがある。

この救いの傘の下にあるキリスト者は、冷たい雨の中で互いに体を寄せ合って温め合わなければならない。だからイエス・キリストの体である教会は温かなところとならなければならないのである。それは、イエス・キリストとその父なる神は愛なるお方であり、聖霊なる神は、我々を愛に導くからである。

また神は、この救いの傘の下でイエス・キリストに寄りすがる者を、イエス・キリストと一つに結び合わせ、神の子としてくださる。そして、そうやって我々を神の子とすることで、我々をイエス・キリストと共に神の創造の歴史へと参与させてくださる。そして具体的にキリスト者として生きる者のためにその人生のすべての物語を新しく書き換えてくださるのである。それのみではない、この「世」の物語も書き換えてくださる。それは、この「世」がキリストとキリスト者を憎み、迫害し、排除する中で描かれる物語ではなく、神がキリストとキリスト者を愛し、求める神の物語である。

著者は、この書の冒頭でこの書の目指すところが贖罪論、神化論を包摂する救済論であると述べた。その結論が「存在の救い」ということであるが、果たしてその目標に届きえたであろうか。その目標を十分に果たせなかったにせよ、何らかのものが伝えられていたならば幸いである。

注

（1）マタ一八・七を参照。そこには「世は人をつまずかせるから不幸だ。つまずきは避けられない。だが、つまずきをもたらす者は不幸である」とある。

おわりに

本書は、私の家族へ自分の信じてきた信仰が何であるか、そして私が信じてきたお方が誰なのかを残すための遺書として書かれたものである。そしてその遺書を書くにあたって、序章において私自らのことを語った。それは、私の人生の物語である。それは、私が本書を書くに至った問いが、私が物語った人生とキリスト教との関わりの中から生まれたものだからである。そして、その問いに、私が私自身の信仰と牧師としての存在とをかけて向き合い、答えを求めて思索した結果である。だから、本書に書かれた内容は私の信仰であり神学と言ってもよい。信仰についての言葉は常に神学的内容を含んでいる。それゆえに信仰について語る言葉は、いつも神学的である。

だから、本書は私自身であると言ってもよい。信仰を語り、神学を語るということは、自分を語るということだからである。だから、この書に述べられていることを見るとき、小さなものではあったが、あなたの夫とあなたがたの父がとってきた行動が理解できるであろう。たとえば私が、環境の問題を考え教会で使う電力にどうしてあれほどこだわったか、あるいは、格差社会の問題や病める方のケアの問題になぜ取り組もうとしたか。それらは、すべてこの書に記された私の神学的思想から出ていることなのである。

信仰は人間を変える。キリスト教の信仰は人を新しくするのである。だから、自分の人生を物語る中から信仰を問い、思索した者には、新しい物語が始まる。かつての人生の物語が、新しい物語として再編され語り直されるのだ。だとすれば、私の新しい人生の物語とは何であったのだろう。

正妻の子ではないという私の生い立ちは、私の人生に影を落とした。性格を曲げ、卑屈で疑い深い人間にした。そのくせ、日陰から日向に出ようとする上昇志向の強い人間に仕立て上げた。人から認められようとしたのである。それは、無理やり作り上げられた明るさであり社交性である。そのような生き方は卑屈でありいびつだ。少なくとも私自身はかつての私自身をそのように評せずにはいられない。結局、認められたいがゆえに性格を作り上げていく作業は、その逆の性格、つまり暗く非社交的で、卑屈な性格をコインの裏表のように作り上げ、それを抑圧して、心の中、深層心理の奥底にしまいこんでしまう。それが私の本質であり実存なのだ。

しかし、そのような私の存在がすくいとられた（掬いとられた／救いとられた）今は違う。たしかに違う。今でも私の性質はあいかわらず暗く、卑屈で疑い深い。しかし、だからといって日向に出たいとは思わない。それはそれでいいのだ。なぜならば、人にはその人の持って生まれた役回りというものがあるからである。

歌舞伎の世界は世襲制である。舞台で演ずる役者の中で主だった役柄を演ずる者は、名跡として世襲によって親から子へと受け継がれていく。しかし舞台は何もそのように世襲で受け継がれた者たちだけでできているのではない。彼ら以外にも様々な役回りの人間がいる。それこそ、脇役もいれば脇役とさえ呼べないような馬の足を演じる者もいる。また舞台裏の仕事もあり、劇場の売店で販売をする仕事もある。それらすべての働きがあって、歌舞伎という一つの世界ができている。その中で日の当たる世界を生きるのは、生まれながらにしてそのような役回りを与えられた一握りの人間たちである。それ以外の人間は、生まれながらにして、日の当たらない役回りなのだ。

私は、自分の「罪」が赦されることで魂が救われたのではない（もちろん自分の「罪」も赦されているのだが）。私自身の存在がすくいとられたのだ。それは、私自身の人生が救われたことでもある。私は日向に出ることはない。だから、日の当たる昼の世界に住むことはない。言うなれば夜の世界にいる。そのことが、卑屈で疑い深く歪んだ性格を形成した。そのような存在である私は、決して真昼に明るく輝く太陽のような存在にはなれない。しかし、昼に太陽があるように夜には月がある。そして、月は月である意味があり、役割があり、働きがある。だから月は太陽になる必要はないのだ。

私は、自分の存在がすくいとられたとき、自分は太陽にはなれないにしろ月にはなれるということを信仰により、神の恵みによって悟った。そして自分の人生の役回りというものが受け止められるようになったのだ。私の人生は、昼の日の中を歩く人生ではない。だからと言って闇の中に消しさられる人生でもない。暗い闇夜の中で太陽の光を受けて青白い光を放つ月でよい。私の人生の物語は、もはや日の当たらない日陰でもがき苦しむ物語とはならないのだ。暗い夜の世界で、月見団子でも喰らいながら、「ああ風流だ」と俳句の一句も詠われる月としての人生の物語へと変えられるのだ。そのような人生であるならば、人と世界を照らし続け、「お天道様」と手を合わされる太陽でなくてもよいではないか。イエス・キリストによる救いの物語は、私の人生の物語をそのような新しい物語として物語られるものに変えたのである。

生まれながらに日陰に置かれる者は多い。日の当たる舞台の中に立つ役者となる者は決して多くはない。そして、その数少ない役者の中で、さらにスポットライトが注がれる主役級の役を与えられる者は生まれながらのほんの一握りであるように、人生で日の当たるところを生きる人間はほんの一部である。後のほとんどは日陰に置かれている。だからといって、日向に出ようとする必要はない。日の当たる場所を万人にとって最良の場所として「良し」と評価するのは「神のいない世界」である。そしてそのような評価はこの「世」の評価であって神の評価ではない。神の評価は、必ずしもこの「世」の評価とは一致しないのである。神の評価は、日向であろうと日陰であろうと、その人が置かれた場所で役割を負う人が、その役割を負って自分自身の人生で神の物語を生きるかどうかにある。つまり、自分が負った役割を十分に果たすか否かが問題なのだ。そして仮に日陰であっても、十分に果たすべき役割があり、輝けるポジションがあるのである。

もちろん、だからと言って、苦しみにある人を、その苦しみに意味があるとして放置してよいというわけではない。ましてや、教会が苦しみを与え、苦しみを増し加えてよいということでもない。その苦しみの物語が、喜びの物語に書き換えられなければならないのである。

今の時代も、「外側の罪」によって苦しんでいる人がいる。戦争や災害といった、言いしれない出来事で苦しんでいる人がいる。さらには、実はキリスト教の世界においても、キリスト教が今のキリスト教であるがゆえに苦しめられている人がいる。たとえば性的マイノリティの人たちなどである。かつてのキリスト教は、ハンセン病の人たちを天刑病であるとして誤って捉え虐げたように、彼らの存在を否定し、虐げ、教会から排除してはいないだろうか。彼らを性的マイノリティとしている特性を「罪」と定め、それこそ、シェルターの入口に立つ門番となって、その「罪」を悔い改めたならば教会に受け入れるというような態度を取っていないだろうか。もしそうであるとするならば、それは、誤った「義」の理解に立ち、その「義」を武器としてキリスト教が持つ信仰の暴力性をふるっていることである。

性的マイノリティの人たちを教会に受け入れるということは、単にリベラルな社会思想を教会に持ち込むということではない。それは立場や階級を超えて神を求め、イエス・キリストを求める者を神の民として受け入れたイエス・キリストの生き方に倣っているかどうかの問題である。それは教会独自の問題であり、教会が教会として凛として立っているか否かの問題である。

我々は、知らず知らずに教会の中での成功者や自己実現者である「彼/彼女」、それはしばしば牧師であったり神学者であったり、またこの「世」での成功者であったりするが、その「彼/彼女」の物語に自分の物語を覆いかぶせようとする。あるいは自分の物語風に物語らせようとしている。それは、キリスト教の名の下に加えられる、宗教の持つ暴力性なのではないだろうか。キリスト教は人の「存在をすくう」救いの宗教である。その存在の救いは、教会という共同体の中で、その人をしてその人の人生を新しい物語として語らせる。人生が変わるのでもなければ、人生に起こった出来事が変わるわけでもない。ただ、その人生にイエス・キリストというお方が関わるとき、その人自身によって物語られる人生の物語が変わるのだ。そしてそれは、神の救いの物語なのである。

妻よ、子どもたちよ。あなたたちは私とは異なる、一個の人格をもった存在である。そして君たちは、個なる私とは違って日向を歩くことができるし太陽にもなれる存在だ。しかし、日向であろうと日陰であろうと、太陽であろうと月であろうと、神の前に生きるのであれば、そのこと自体は問題ではない。問題は、神の前で、神に目を向けて生きるか否かなのだ。だから、どうか、いつでも、どんなときでも、すべてにおいて神の前に生きてほしい。人間は神なしには生きられないのだ。この「世」の中で生きていくためには、神なしでは人間は人間らしく生きることはできない。そして人間が人間らしく生きるためには、具体的に模範となる目標が必要だ。そしてその目標に向かって歩んでいくためには、支えが必要なのだ。私は、その模範となる目標が何であり、支えとなってくれるものが何であるかを、あなたたちに伝えておきたかった。

仮に私がいなくなったとしてもあなたたちは、この世界の中で生きていく。その生きる「場」であるこの世界は決して楽しいところではない。苦難も多く、悩みや苦しみもある。理不尽なことも少なくない。だが、あなたたちは決して独りではない。また、逃げ場所がないわけでもない。あなたたちには寄り添う神がおり、逃げるべき場所である「教会」が用意されているのだ。そのことをどうか心に刻み覚えていてほしい。

このような家族に向けた遺書的意味を持って書いた原稿が出版に至ったのは、一つには、神学を語ることは宣教であり、それは世界に向かって公に語ることだからである。だから私はこの書を公刊する責任があると考えた。もう一つは、立教大学大学院の梅澤弓子教授のゼミにて、本書の原稿を基に私が発表した際に、梅澤教授、さらにゼミで共に学んだ鳥居雅志氏、小林和夫氏、広瀬由佳氏が背中を押してくださったからである。梅澤教授はじめ各氏に感謝したい。

また、本書を読まれればわかるが、私の思考には、自身の研究課題であるエラスムスの人間観が深く関わっている。そのエラスムス研究は、元福岡女学院大学学長の木ノ脇悦郎氏や立教大学大学院での阿部善彦准教授のご指導に負うところが多い。

出版にあたっては、教文館出版部の小林望氏、石川正信氏に大変お世話になった。

最後になるが、父文平、様々な面で祈り支えてくれた妻の両親である三崎岩夫・宣江、これらの方々に心から感謝を申し上げたい。

多くの感謝の思いと共に愛する妻その枝、私の宝であるいずみ、のぞみ、献吾にこの書を書き残す。

二〇一九年九月二六日

濱　和弘

《著者紹介》
濱 和弘（はま・かずひろ）
1958年生まれ。1978年明治大学経営学部卒業後、一般企業で建材の営業に従事。1994年東京聖書学院卒業。その後立教大学大学院、アジア神学大学院で学ぶ。日本ホーリネス教団静岡キリスト教会、土居キリスト教会、三鷹キリスト教会およびキリスト信愛会小金井教会の兼牧を経て、現在は兼牧していた両教会を統合した小金井福音キリスト教会の牧師。牧師としての働きと共にキリスト教各教派を超えた働きにも加わる。

人生のすべての物語を新しく

シェルターの神学から傘の神学へ

2020年1月30日　初版発行

著　者　濱　和弘
発行者　渡部　満
発行所　株式会社　教文館
〒104-0061 東京都中央区銀座4-5-1 電話 03(3561)5549 FAX 03(5250)5107
URL　http://www.kyobunkwan.co.jp/publishing/
印刷所　モリモト印刷株式会社

配給元　日キ販　〒162-0814　東京都新宿区新小川町9-1
電話 03(3260)5670　FAX 03(3260)5637

ISBN 978-4-7642-6145-7　Printed in Japan